# 罪與罰誰說了算？

從古文物看見歷代律法的模樣

江隱龍 著

推薦序

# 以法律文物為嚮導，走入律法史的時光隧道

陳俊強（國立臺北大學歷史系教授）

大家對於中國古代的法制是不是有以下的印象：帝王率性妄爲，視民命如草芥；法律條文艱澀難懂，都在維護統治集團利益；公堂審訊威嚴肅殺，酷刑繁多。以上有多少是眞相，又有多少是積非成是的假象？然而不論眞假，中國古代法制總是予人冷峻與嚴厲的感受。

我們聽到某件千百年前流傳下來的器物，不管是商周時期的銅鼎還是明朝景泰藍花瓶，越王句踐佩帶的寶劍抑或漢朝賞賜給耆老的鳩杖，儘管雕琢精緻，鬼斧神工，但腦海浮現的意象往往是剛性與靜態的。

江隱龍先生的新書《罪與罰，誰說了算？──從古文物看見歷代律法的模樣》，藉由二十多件法律器物，諸如帝王詔書、神獸獬豸、登聞鼓、驚堂木等，以輕鬆溫暖的筆調，娓娓道來一則則有趣的中國古代法律故事。在作者的生花妙筆之下，法制不再冰冷，

文物不再沉重，一個字都沒有的器物，竟是蘊含著豐富精彩的情節。一件件的器物彷彿充當時間旅行的導遊，帶領讀者倘佯在法律時光隧道之中。

歷史是社會人群的集體記憶，史學是一門關於記憶的學科。史學工作者一向是由學院培養的專業史家擔任，而書寫的對象通常是政經領域的佼佼者，至於史學知識的受眾主要是學校的學生。記錄者、被記錄者以及知識傳授的對象都是精英分子。二十世紀七〇年代美國興起了一股「大眾史學」（Public History）風潮，強調學術的公眾聯繫，大眾以自己的角度，使用通俗易懂的方式書寫大眾的歷史，以供社會大眾閱聽。「大眾史學」的流風所及，史家與公眾之間的固有疆界為之打破。

這本書以非常貼近群眾的文字，把艱澀的古代法律知識公眾化與普及化，無疑非常符應當代的史學潮流。但通俗化不代表沒有學術含量，相反的，書中幾乎每項主題都是通論古今，甚至中西比較，對看似單純的物件做了多層次的析論與詮釋。中國的「獬豸」與西方的「正義女神」各自反映了什麼樣的法律文化？帝王真的不恤民命嗎？倘若如此，武則天何需設置「銅匭」，法律何需存在直接向皇帝申冤的「直訴」制度？開卷有益，閱讀這本輕鬆有趣的好書，定能開拓大家的視野，重新認識中國古代的法律文化。

謹識於臺北大學

# 目錄

## 特展二

# ——廟堂的符號

## 特展三 — 律法的線條

## 特展四

## ——獄讞的規矩

**甘遵生死狀》**

特展 一

# ——帝王的權杖

# 聖旨的面孔
## 大眾視野裡的「皇帝詔曰」

歷史劇中，沒有什麼是一道聖旨不能擺平的，如果不行，那就兩道。玩笑歸玩笑，但在螢幕上，的確沒有什麼比聖旨更能代表皇權了：一聲「奉天承運皇帝詔曰」，無論朝臣還是百姓都必須層層疊疊地跪拜，待宣旨太監念完「欽此」二字後，再用洪亮的聲音高喊一聲「吾皇萬歲萬歲萬萬歲」……在「普天之下，莫非王土」的時代，代表皇帝旨意的聖旨的確能發揮「遇神殺神，遇佛殺佛」的作用，不過從法律角度來看，聖旨就是一份再正常不過的下行公文，將皇帝的命令傳達給特定的受眾罷了。聖旨既不神祕也不神聖，細品之下還有一絲「文山會海」的案牘氣，而至於其內容，放在當今的語境下，大致可以翻譯成「○○皇帝關於○○一事的通知」吧……

做爲皇權在民間最常見的代表符號，聖旨一向是歷史劇的常客。鏡頭往往是這樣推開的：衣著華麗、表情嚴肅的宦官勒馬而立，風塵僕僕地緩緩打開一卷明黃色綢緞，用略顯尖銳的聲調莊嚴地念著「奉天承運皇帝詔曰」，眼前的臣工百姓層層疊疊跪拜，只待「欽此」二字念畢，齊聲高呼「吾皇萬歲萬歲萬萬歲」……

這些故事場景中，聖旨常扮演「扭轉乾坤」的角色，做爲王朝最強大的力量給予佞臣貪官致命一擊。這的確很符合人們對明君的期望以及對封建王權的想像，然而事實上，聖旨與尚方寶劍、龍頭鍘一樣，其大眾文化形象早已與歷史原型相去甚遠。做爲中國封建王朝級別最高的「公文」，聖旨背後雖然也有如「故劍情深」般的浪漫故事，但做爲君主命令下達的日常路徑，它所折射的畢竟是朝廷運轉機制的普通側面之一，而非大眾文化或是影劇中精心構建的傳說。

當然，這並不代表聖旨沒有屬於它的傳奇。

## 「前聖旨時代」：君命文書的漫長演進

通俗而言，聖旨相對正規的稱呼爲「詔令」或「詔書」，可以理解爲君主向臣民發

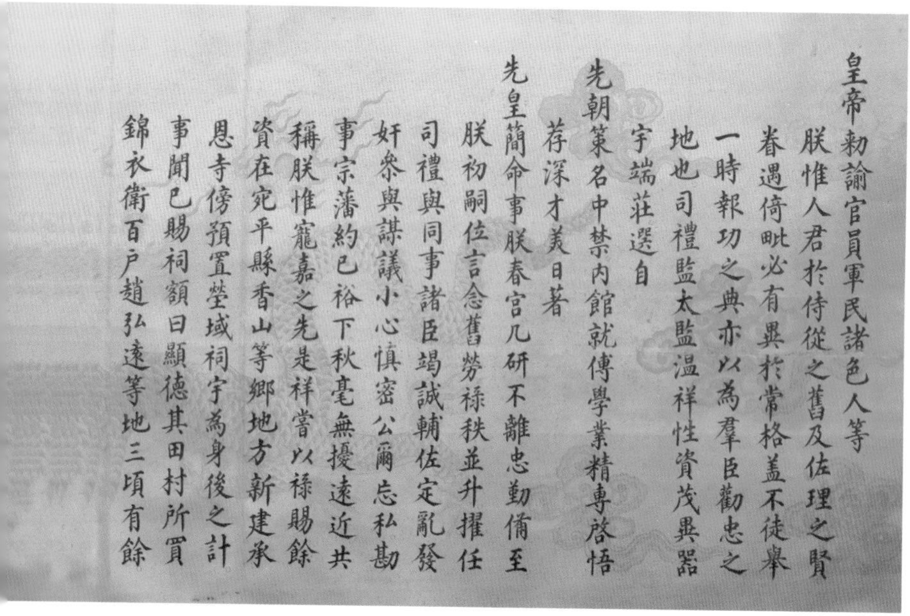
皇帝勑諭官員軍民諸色人等
朕惟人君於侍從之舊及佐理之賢
眷遇倚毗必有異於常格蓋不徒舉
一時報功之典亦以為羣臣勸忠之
地也司禮監太監溫祥性資茂異器
宇端莊選自
先朝策名中禁內館就傳學業精專啓悟
荐深才美日著
先皇簡命事朕春宮几研不離忠勤備至
朕初嗣位言念舊勞祿秩並升擢任
司禮與同事諸臣竭誠輔佐定亂發
奸叅與謀議小心慎密公爾忘私勘
事宗藩約已裕下秋毫無擾遠近共
稱朕惟寵嘉之先是祥嘗以祿賜餘
資在宛平縣香山等鄉地方新建承
恩寺傍預置塋域祠宇為身後之計
事聞已賜祠額曰顯德其田村所買
錦衣衛百戶趙弘遠等地三頃有餘

布的下行文書，亦即君命文書。聖旨的歷史可回溯至宋、元時期，詔書的歷史可回溯至秦朝時期，而君命文書的概念則更爲源遠流長，早在皇帝這一「職業」誕生之前就已經出現了。

《尚書》中的文體大致分爲「典、謨、訓、誥、誓、命」六種，其中誥爲君主的告諭，誓爲起兵命誓師文，命爲君主的命令，雖然這些尚非規範文類的名稱，但可視爲君命文書的雛形。三代以降，不乏誥誓命的名篇：《尚書》中所謂「典謨訓誥」，特指〈堯典〉、〈大禹謨〉、〈湯誥〉、〈伊訓〉四篇，其中〈湯誥〉即在此列。此外，如成湯興兵討伐夏桀時作的〈湯誓〉，周成王姬誦駕崩前下

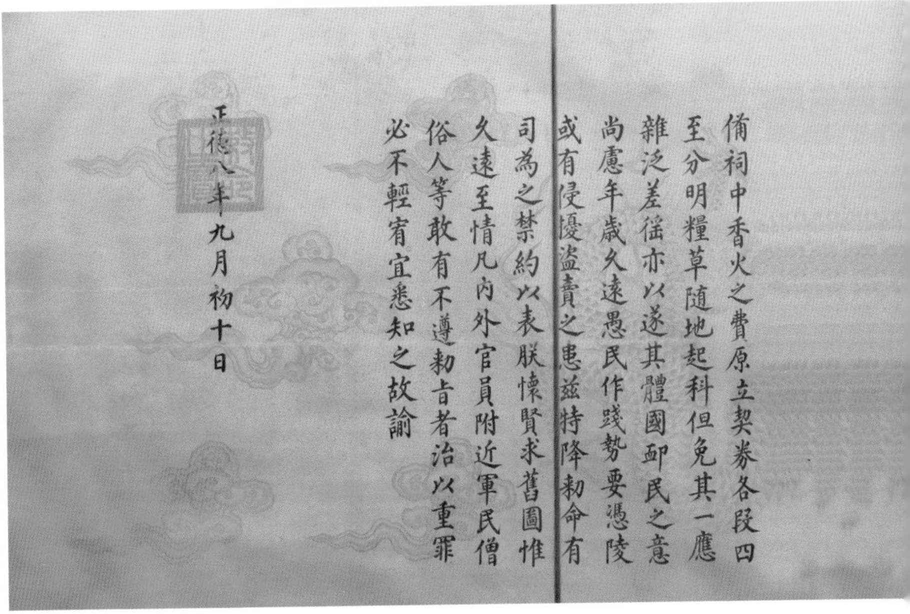
備祠中香火之費原立契券各段四至分明糧草隨地起科但免其一應雜泛差徭亦以遂其體國卹民之意尚慮年歲久遠愚民作踐勢要憑陵或有侵擾盜賣之患茲特降勅命有司爲之禁約以表朕懷賢求舊圖惟久遠至情凡內外官員附近軍民僧俗人等敢有不遵勅旨者治以重罪必不輕宥宜悉知之故諭

正德八年九月初十日

明武宗正德八年敕諭（首都博物館館藏）

達的〈顧命〉等，均對後世君命文書的正式形成有很大影響。

清朝姚鼐《古文辭類纂》總結道：

「詔令類者，原於《尚書》之誓、誥。周之衰也，文誥猶存，昭王制，肅強侯，所以悅人心而勝於三軍之眾，猶有賴焉。」

在姚鼐眼中，雖然周朝已經隕落，但文誥依然以其「昭王制，肅強侯」的獨特魅力在王朝更迭中流傳於後世。至春秋戰國時期，國君發布命令的文書被稱爲令、命，這是君命文書得名之始。秦朝統一後，在「天子自稱曰朕」的同時改命爲制，令爲詔，君命文書從此有了法定名稱。

但秦始皇嬴政所用的「詔」字並非首創。周文王姬昌曾下達〈詔牧〉、〈詔太子發〉，前者主要內容爲鼓勵農耕，類似後世的勸農詔；而後者則是對周武王姬發的教育和訓導。後世有學者將這兩份「詔」視爲詔書的濫觴。從君命文書「自覺性」的角度來看，〈詔牧〉、〈詔太子發〉雖有詔之名，但未如秦朝一樣強調其專屬性與至高性，故「詔起秦時」一說並非完全基於詔書之名，更在於詔書之實。

漢承秦制，繼續沿用制、詔，又增加策、戒兩種，由此形成了君命文書的四大種類，如《後漢書．光武帝紀》注云：「帝之下書有四：一曰策書，二曰制書，三曰詔書，四曰誡敕。」其中冊封罷免諸侯王及三公、回覆臣僚均用策，東漢末年將冊封罷免諸侯王及三公的文書改爲冊；戒也可稱爲誡、戒書、戒敕等，用於告誡地方官員。

漢朝的君命文書制度經歷三國、兩晉、南北朝一直延續，直到隋朝依然以制、詔、冊、敕爲四品，這裡的敕即戒敕的省文。制用於制定法律政策，詔用於發布重要政令，冊用於冊封王公貴族，敕用於處理日常政務——這一分工之中，不難看出詔的皇權色彩已經相對厚重。

唐朝承襲隋制之餘，又增加誥、御劄、榜等，詔書依然用於發布重要政令。唐朝向全國臣民發布的詔令要求各地方出榜張掛，故又稱爲榜，宋承唐制，稱爲敕榜。金、元兩朝在唐、宋舊制的基礎上又大有增設，其中金朝皇帝發布的君命文書種類繁多，有詔、制、冊、敕、諭、誥、令、旨、宣、祝文、祭文、鐵券文等。元朝，「聖旨」的名稱終於正式出現。

元朝《經世大典．序錄》記載：「古者典、謨、訓、誥、誓、命之文，或出於一時帝王之言，或出於史臣之所修潤，其來尚矣。國朝以國語訓敕者，曰聖旨；史臣代言者，曰詔書。」

《經世大典》僅存〈序錄〉，之後列著的君命文書已不可考，但從〈序錄〉的隻言片語可以清晰得知，元朝的聖旨以蒙古文記錄，詔書則由翰林國史院用漢文起草代皇帝言。後世有學者以文法區分元朝的聖旨與詔書：其中白話者爲聖旨，文言者爲詔書。這倒也情有可原：聖旨初稿以蒙古文書寫，譯成漢文後並不求語句典雅；而詔書本爲漢族官員書寫，落筆自然古韻森森。

以元朝的視角來看，聖旨即「白話詔書」，詔書即「文言聖旨」——元朝統治者當然不會想到，這樣一個少了風雅莊重的「俗稱」，居然會成爲後人眼中皇權最具標識性的符號。

## 大眾文化視野裡的「聖旨」含義重塑

經過從三代到元朝二十餘個王朝的承襲，「聖旨」終於陰錯陽差地在元朝正式登上歷史舞臺。元朝因蒙古文與漢文難以兼顧，遂將詔書與聖旨二分；明朝做爲漢族統治的王朝無須做此區分，而清朝君命文書以滿文和漢文合璧書寫，故以「聖旨」一詞特指「白話詔書」在明、清兩朝已經沒有實際意義。聖旨依然存在，只是在歲月流逝中具有了新的含義。

明、清兩朝的君命文書在繼承前朝各文體的基礎上又有所創設，其種類趨於大成，大致分爲制、詔、冊、誥、誥命、敕、敕書、敕命、聖旨、諭旨等，其中聖旨指皇帝未經擬稿，直接命太監各衙門傳達的君命——這「口頭詔書」的功能在清朝漸漸被諭旨類文書取代。

除聖旨與諭旨外，制用於宣布祭祀天地、立太子等重大禮節性活動；詔一般用於向天下臣民發布重大事項；冊、誥命、敕命用於覃恩封贈，其中王公貴族用冊，五品及以上官員用誥命，六品及以下官員用敕命；誥用於頒布皇太后遺命；敕用於指揮日常政務；敕書用於標明地方官員的權力與職責。

民間流傳的明朝君命文書大多是以「奉天承運皇帝敕曰」爲開頭的敕命。如前所述，敕命用於六品及以下官員的覃恩封贈，這些文書授予受封者後，通常被妥善保管，敕命上的文字甚至會被刻碑以作紀念，故敕命雖然未必是君命文書中最重要的文體，但距離民間最近，自然最容易被尋常百姓所知。

君命文書在清朝又有了極具特色的演進，便是上諭的出現。上諭主要用於發布日常政令，雍正之前通常由內閣大學士或南書房的侍臣撰擬，軍機處設立後由軍機處大臣、軍機章京撰擬。上諭又稱諭旨，可細分爲諭與旨，其中皇帝主動下達者爲諭，應大臣奏請而發布者爲旨，若這種旨需要宣示中外，則被歸入諭的範圍。

上諭又可細分爲朱諭、明發上諭與廷寄。朱諭由皇帝親自執筆或由內閣大學士起草並經皇帝審改；明發上諭由內閣公開擬發，通常會傳達至各地，與宋朝敕榜相似；廷寄則是密旨，其內容不得公開，由軍機處密封後經兵部捷報處飛馬速遞至承接者親啟，故存世極少，殊爲珍貴。

經過十幾個朝代的發展，君命文書在明、清時期早非漢朝「策制詔戒」四種文體所能涵蓋，其複雜程度就連官員都未必能盡知，更何況百姓。如《明會典》所載：「朝廷頒命四方，有詔書，有赦書，有敕符、丹符，有制諭、手詔。」而清朝編纂《明史·職官志》所載「凡上之達下，曰詔，曰誥，曰制，曰冊文，曰諭，曰書，曰符，曰令，曰檄」一句，便將明朝常用的敕遺漏。雖兩種古籍不能簡單對比，但也體現了君命文書種類的多樣化。

更進一步地說，歷代王朝對君命文書雖多有微調，但所用名稱不外乎詔、誥、制、冊、敕等，一種文體在此朝爲一含義，在彼朝又變成另一含義，其變化多端不亞於各朝官職。與此同時，聖旨做爲正式的君命文書，其歷史相對較短，故而民間所謂的聖旨均無法定義爲元朝的「白話詔書」或是明朝的「口頭詔書」，而更適合認定爲皇帝或以皇帝名義頒發的各類君命文書的總稱。唯有將通俗意義上的聖旨視爲君命文書整體的代名詞，才能涵蓋自三代——至少是自秦朝以降的各種「聖旨類文書」。

## 「天下第一公文」的面子與裡子

無論聖旨的歷史在後世引發多少誤讀，但有一件事是可以確定的，就是聖旨「天下第一公文」的地位不容置疑，這種尊榮直接體現到聖旨的形制上。

清朝聖旨多爲朝廷監製，江寧織造府製成。以最常見的誥命和敕命爲例，誥命有三色、五色、七色之分，文以「奉天誥命」爲始；敕命用純白綾織成，文以「奉天敕命」爲始。誥命、敕命均爲卷軸式，以升降龍盤繞，內容以漢文和滿文合璧書寫。聖旨圖案、材質以受封者地位不同而有所區別：一品以下官員不分文武均爲祥雲錦面；一品文官誥命圖案爲鶴錦面，武官爲獅錦面，俱用玉軸；二品用黑犀牛角軸；三品用貼金軸；四品及以下用黑牛角軸。

與元朝聖旨用蒙古文、詔書用漢文不同，清朝聖旨兼用滿文和漢文，其中漢文行款從右向左，滿文行款從左向右，合於中幅書寫日期。誥命、敕命均由翰林院撰擬，經內閣大學士奏定後，再按品級填發，由庶起士書寫。若遇襲封，每襲一次都要在原給的誥命、敕命之後增寫。

誥命、敕命承載著浩蕩皇恩，受封者與襲封者自然會妥善保管。事實上，清朝針對聖旨的保管制定了嚴格的規定：受封人務必小心珍藏，如偶遇水、火、盜毀失者，經申請覆議，尚准許重新補給。若因收藏保管不善，導致蟲蛀、損傷或潮溼破壞汙染者，便要罰俸六個月；若是直接丟失或家道中落將聖旨典當，被發現則革去官職。在嚴苛的律令下，受封人自然不敢大意。

如果將聖旨的形制視爲其「面子」，聖旨的內容就是「裡子」。大多數君命文書的內容與形式都相當固定，誥命、敕命更是典型的公牘文體，故雖多出於才子之手，但其創作餘地非常有限。從明、清兩朝的誥命、敕命來看，其字體均爲端莊的館閣體，幾近於印刷，行文精悍洗練。

詔書涉及的內容相對駁雜，故而能給書寫者較大的創作空間。從宏觀的歷史視角來看，能夠大致品味出「天下第一公文」的文風演變過程。自秦漢以降，詔書大體沿著從散體轉向駢體、從古樸轉朝雅麗的方向發展。漢朝詔書多以散體行文；崇尚駢儷的六朝詔書的文風漸漸變得「錯彩鏤金」；而唐、宋兩朝駢散相間，各有其趣。從這個角度來看，詔書的文風與王朝的氣質相互呼應，如漢朝詔書的雍容不迫、宋朝詔書的巧不傷雅，均爲後人所稱道。

詔書文風的演化自然有文人雅士斟酌評判，但聖旨中最有名的章句，勢必要數「奉天承運皇帝詔曰」的「開場白」。那麼，這八個字又是怎麼來的呢？

其實詔書的開頭語自古並無定制，魏晉南北朝時期多以「應天順時，受茲明命」開頭。唐朝詔書一般由門下省審核頒發，故多以「門下」開頭，也有用「朕紹膺駿命」或「朕膺昊天之眷命」等句。直到元朝時，聖旨（此指白話聖旨）的開頭變成了「長生天氣力裏，大福蔭護助裏，皇帝聖旨」。

元朝聖旨以蒙古文爲藍本，「長生天氣力裏，大福蔭護助裏，皇帝聖旨」這幾個字就是翻譯成漢文時的「傑作」。做爲君命文書的開頭語，這樣的文字顯然不雅，於是在漢人的潤色下漸漸被譯成「上天眷命，皇帝聖旨」八個字。元朝徐元瑞《吏學指南・發端》更有解釋：「欽惟聖朝，受天明命，肇造區夏，故曰上天眷命。詔敕之首，表而出之。」

明朝承襲元制，但明太祖朱元璋不滿「上天眷命」四字的張揚，改爲「奉天承運」。如《明太祖實錄》所載：「上以元時詔書首語必曰『上天眷命』，其意謂天之眷佑人君，故能若此，未盡謙卑奉順之意，命易為『奉天承運』。庶見人主奉若天命，言動皆奉天而行，非敢自專也。」

朱元璋之語是託辭還是眞意已不得而知，不過「奉天承運皇帝詔曰」的斷句卻在後世引發了爭議。究竟是該讀「奉天承運，皇帝詔曰」，還是「奉天承運皇帝，詔曰」呢？從歷史上來看，「詔曰」二字自漢朝以降便出現於君命文書之中，而明朝皇帝又有「奉天承運皇帝」之稱，故而採用「奉天承運皇帝，詔曰」一說有其邏輯。然而，明朝承襲元制，元朝聖旨的開頭語正是「上天眷命，皇帝聖旨」——朱元璋親自將「上天眷命」改爲「奉天承運」，故而採用「奉天承運，皇帝詔曰」一說亦符合語境。因此，這一爭議孰對孰錯，還需要研究更多史料方能解答……

＊

聖旨在大眾文化中是古代皇權最直接的象徵物，故而其定義只能從大眾文化的角度進行重塑。中國歷史悠久，王朝更迭頻繁，君命文書的文體與定義過於複雜，將聖旨做爲大眾文化意義上君命文書的代名詞，未嘗不是一個取巧的方式。如何劃分嚴肅歷史與大眾文化的界限？聖旨在此出了一道難題。不過，這一切並不影響有心人去探索追尋聖旨背後林林總總的故事。

# 玉璽漂流記
## 天命權力證書的起與落

東漢末年天下大亂，九州一時出現了眾多實力強勁的軍閥與諸侯，如馬騰、劉表、公孫瓚，以及廣為人知的袁紹和曹操等。這些諸侯或是手握重兵，或是皇親國戚，抑或是「門生故吏遍天下」，但只有一個人膽敢在割據中率先稱帝，這個人就是袁術。各路諸侯中，袁術的名望、兵力、勢力範圍未必最強，為什麼他有底氣稱帝？熟悉《三國演義》的讀者自然知道，因為袁術擁有了傳國玉璽。自秦、漢易代後，玉璽似乎就是「天命權力證書」，得玉璽者可得天下，而無玉璽者縱然當了皇帝也是「白板天子」。為什麼玉璽會有如此魅力，以至於儒學昌盛的古代中國，竟然會接受如此具有「宗教」色彩的「神器」？歷史的真相可能會讓你倍感意外。

東漢末年，袁術因得到玉璽便相信自己「天命加身」，急不可耐地登基稱帝。袁術僭號稱帝的結果當然是以悲劇收場，這位亂世梟雄很快被曹操派來的「劉皇叔」截殺，最終皇帝沒做成，反誤了卿卿性命。

袁術稱帝的故事情節並不複雜，但背後的邏輯耐人尋味：爲什麼漢朝官員得到玉璽，就覺得自己有資格當皇帝了呢？從法律關係的角度來看，玉璽在此成了無記名式權力證書，有著「占有即所有」的屬性，而且居然能跨朝代通用，成爲後世野心家爭奪的對象。小小一枚玉璽爲何具有如此神奇的魔力呢？

## 玉璽的奇幻漂流

做爲古代皇權的標誌，玉璽還有一個前身：禹鼎。清朝史學大家趙翼曾說：「三代以上以禹鼎為重，六朝以上以秦璽為重，蓋風尚如此。」

傳說大禹劃分天下爲九州之後，令九州州牧貢獻青銅，並將其鑄成九鼎，以一鼎代表一州，九鼎自然代表天下。夏、商、周三朝，禹鼎一直做爲傳國重器存放在都城，成爲統治者權力的象徵。春秋時期，楚莊王熊旅問禹鼎的大小輕重，意欲取代周朝，當時

「皇帝之寶」玉璽（中國國家博物館館藏）

的王使王孫滿以「周德雖衰，天命未改，鼎之輕重，未可問也」爲答覆，最終使熊旅放棄了伐周的野心，由此留下了「楚王問鼎」的典故。

楚王的野心，最終由秦始皇實現了。西元前二二一年，秦王嬴政憑藉「六王畢，四海一」的赫赫武功建立第一個統一的中央集權封建王朝——秦朝，並開始進行一系列大刀闊斧的改革，同時想方設法突出皇權至高無上的地位，其中之一便是將玉璽的使用權壟斷在皇帝手中。

璽，最早就是「印信」之意。秦朝之前百姓均用金、玉製作印信，所以璽算不上稀罕物，直到秦朝之後，唯有天子的印信稱璽，且獨以玉製，從此群臣不再敢擅用。也就是說，玉璽連同這兩個漢字正是在秦始皇手中成了皇權的代表，連群臣都「莫敢用」，更別說普通「黔首」了。秦朝二世而亡，末代君主子嬰正是跪捧著這枚玉璽迎接漢高祖劉邦到來。

如果說以玉璽爲皇帝特權的制度設計僅是秦朝的「一廂情願」，獻璽這一儀式被後繼王朝的開國君主所接受，就使得玉璽的繼受正式成爲王朝更迭的象徵。

而劉邦接受玉璽的背後，也有著特殊的時代背景與個人因素。西漢的開國君主劉邦出身於亭長，在六國眾多舊貴族面前，顯然需要一個論證自己「天命加身」的證據，而這枚玉璽顯然是最好的道具。劉邦之後，玉璽在歷代漢皇手中傳繼，直到王莽篡漢時，也是以逼迫皇太后交出玉璽爲標誌，秦始皇的玉璽成了貨眞價實的傳國玉璽。

東漢建立後，玉璽輾轉爲漢光武帝劉秀獲得，一直傳至漢靈帝手中。經過秦、西漢、新、玄漢、東漢數朝四百餘年的層層加持，玉璽的象徵性被無限擴大，才推動了袁術得到玉璽便自認爲「天命加身」的事件。

不過，玉璽至此已有了一絲奇幻色彩。東漢末年天下大亂，雒陽（東漢都城）一片動盪不安，玉璽在混亂中失蹤。董卓之亂後，孫堅進軍雒陽時，發現一口枯井冒出「五色氣」，於是派人下井查看，由此撈出了玉璽。孫堅撈出玉璽後，遭到袁術的覬覦，他拘禁了孫堅的夫人才將玉璽奪到手。然而，袁術當然沒有想到，這枚玉璽帶來的不是帝王氣，而是喪鐘。

袁術敗亡後，玉璽歸於「挾天子以令諸侯」的曹操，並隨著歷朝更迭一次次流傳於不同的皇室。《北史》中載：「二漢相傳，又歷魏、晉；晉懷帝敗，沒於劉聰；聰敗，沒於石氏；石氏敗，晉穆帝永和中，濮陽太守戴僧施得之，遣督護何融送於建業；歷宋、齊、梁；梁敗，侯景得之；景敗，侍中趙思賢以璽投景南兗州刺史郭元建，送於術，故術以進焉。」隋朝滅亡後，蕭后攜玉璽逃入突厥，直到唐太宗時期玉璽復歸於中原。之後玉璽又經後梁傳至後唐，最終隨著後唐末帝李從珂的自焚而滅失。之後各朝雖然常有玉璽復出的消息，但早已眞僞難辨，反倒是玉璽所代表的「天命」，長久流傳於世人心中。

## 玉璽的封神之路

不了解玉璽的歷史背景，便無法明白這一方小小的玉器爲何能在多少千古風流人物心中承載起整個王朝的厚重。玉璽的封神之路背後，隱藏著歷代王朝法統的構建之路。

法統可以視爲法律的基礎、統治權力的法律根據，放在歷史的語境下，法統基本與「天命」同義。顯然，中國歷代王朝並未經歷過公民選舉等程序，那皇帝的法統來源是什麼呢？這個問題看似簡單，其實異常難解。

夏朝開國君主啟開創了「家天下」模式，被神化的大禹成了法統的基礎。啟之後的王位繼承，可以大大方方地透過「兄終弟及」、「父死子繼」的傳統在同一家族內過渡。這種模式在天下太平時或許不會出現太大問題，然而一旦朝代更迭，有新的家族取而代之，新任君主就無法再使用這一法統依據了。

從這角度來看，禹鼎早已不再是大禹的象徵這麼簡單。大禹代表夏朝的法統，但這種法統是不能轉移的；禹鼎事實上代表的是天下的法統，這種法統是可以轉移的。商湯滅夏、武王伐紂，歷史出現一次次「家天下」的變更，但禹鼎依然能夠被賦予超越朝代的「天命」，所以周朝衰落時才會有楚王問鼎的故事發生。

到了秦朝，禹鼎變成玉璽。禹鼎與玉璽本質一樣，只是形式不同——它們都代表著一個新朝代法統的基礎。禹鼎凝結著大禹的偉大功績，而玉璽凝結著秦始皇千秋霸業，這些背後的邏輯本源，就是玉璽封神之路上的第一個臺階。當秦王子嬰跪獻玉璽以示臣服時，劉邦帶著整個漢朝，將腳印踩在玉璽封神之路的第二個臺階上，玉璽「無記名式權力證書」的性質由此奠基。

到了王莽時代，玉璽封神之路的第三個臺階也出現了：初始元年（西元八年），王莽逼迫王政君交出玉璽，同時接受漢帝禪位並建立新朝，幾乎是二百多年前子嬰獻璽的翻版。新朝很快陷入混亂，玉璽先被獻予更始帝劉玄，之後又易主至光武帝劉秀。玉璽在短短十數年間見證了新朝、玄漢、東漢三朝皇帝，玉璽即法統的邏輯鏈在紛紛亂世中終於沉澱下來。東漢末期，袁術獲得玉璽後稱仲氏皇帝，充分說明玉璽成爲法統「權力證書」之事已經毋庸置疑。

南北朝時期，後趙石勒得到玉璽，於右側加刻「天命石氏」，幾乎相當於後世君主在玉璽這一「權力證書」上加蓋「騎縫章」；至唐朝時，唐太宗李世民因未尋到玉璽，還刻了數方「受命寶」、「定命寶」等「玉璽」聊以自慰，可見功高如唐太宗的雄主，依然過不了沒有玉璽這道坎……

浩瀚歷史長河中，眞正的贏家不是那些得到玉璽的帝王將相，而是玉璽本身。恰如郝經〈傳國璽論〉所說的：「天下之人，遂以為帝王之統不在於道而在於璽，以璽之得失為天命之絕續。」而沒有玉璽之人就算當上了皇帝，也是「白板天子」——這稱得上是中國文化中的一樁奇聞了。

## 走下神壇的玉璽

從宏觀角度來看，玉璽之所以被歷代君主所吹捧，重要的原因之一是在「家天下」之外成功開拓了一條通向法統之路，爲各朝提供了「天命」的邏輯起點。玉璽是一項「權力證書」，意味著皇權可以突破血統與世系，在新的君主身上紮根，從而開創新的時代。

然而，與五德終始、讖緯、封禪等制度文化一樣，玉璽超越朝代的法律地位也一步步走向衰落，而衰落的起點正是理學昌盛的宋朝。

後唐末期，玉璽隨著李從珂自焚而消失，直到北宋紹聖三年（一〇九六年），咸陽百姓段義無意間挖出了玉璽，這個已消失近百年的法統權力證書才重新進入朝廷的視野。按傳統來說，算是難得的吉瑞，本應是件盛事，然而不少儒士卻冷眼相待，其中最具代表性的是劉恕之論：「正統之論興於漢儒，推五行相生、指璽紱相傳以為正統。是神器大寶，必當扼喉而奪之，則亂臣賊子，釋然得行其志矣……」《資治通鑑》副主編之一的劉恕，根本不在意這枚玉璽的真僞，認爲就算是眞的，也與朝代的法統無關，只不過是「亂臣賊子，釋然得行其志」的藉口罷了。當然，在綜合考量之下，宋哲宗趙煦最終還是接受了玉璽，並改元爲元符。改元詔書中，趙煦強調：「朕統承聖緒，紹述先猷，克享天心，屢蒙佳貺……申錫無疆，神璽自出。」具有諷刺意味的是，這封詔書出具後不到三十年，北宋就滅亡了。

趙煦的詔書中，玉璽不是北宋法統的起點，而是一份重要的佐證材料；而劉恕等人的言論在後世有著愈來愈強大的影響。元成宗孛兒只斤．鐵穆耳拿玉璽做文章得以繼位，但在這個皇帝眼中，玉璽不過是因「適當其時而出」而被利用的非常手段，凝聚於其上的法統「光環」已然黯淡。

到了明朝，玉璽受到的「輕視」更上了一個臺階。明朝玉璽兩次「復出」，一次是弘治十三年（一五〇〇年），當時的禮部尚書傅瀚評論道：「受命以德不以璽也。故求之不得，則偽造以欺人；得之，則君臣色喜，以誇示於天下，是皆貽笑千載……」在傅瀚眼中，王朝的法統來自德而非玉璽，在德面前，任何所謂的法統權力證書只不過是貽笑大方。

另一次是天啟四年（一六二四年），這一次，發現地的巡撫程紹遞交了一份奏摺，言辭之間透露出深深的尷尬：「今璽出，適在臣疆，既不當復埋地下，又不合私祕人間。欲遣官恭進闕廷，跡涉貢媚。且至尊所寶，在德不在璽，故先馳奏聞，候命進止。」大意是，這枚玉璽恰好在臣的轄地出土，重新埋到地下不妥，藏於民間也不妥，進貢到朝廷又顯得諂媚，所以先通報皇帝一聲，您看著辦……

傅瀚有「受命以德不以璽」，程紹有「至尊所寶，在德不在璽」，可以看出在明朝官員眼中，玉璽已不再是法統的權力證書。

到了清朝乾隆皇帝眼中，玉璽更成了一件普通的「玩好舊器」，《國朝傳寶記》中，這位「十全老人」以「君人者在德不在寶」八個大字，為玉璽做了蓋棺論定，玉璽的政治權力史由此畫上句號。

＊

做爲中國歷史上重要的法統權力證書，玉璽承載的不僅是王朝的更迭史，更是政治制度的發展史。從秦、漢、魏晉、隋、唐諸朝皇帝對玉璽的追逐，到宋、元君主對玉璽的矛盾態度，再到明、清帝王對玉璽的輕視，封建政治制度變得日益健全、成熟。玉璽的封神之路幫助中國人擺脫了「家天下」的束縛，而其走下神壇時，帶走的還有整個時代對「天命」的迷信。

與中國的玉璽相對，日本皇室的「三神器」在數千年間一直被當作皇室信物，爲民眾所膜拜。所謂「三神器」，特指天叢雲劍（草薙劍）、八尺瓊勾玉和八咫鏡，向來是「天命」的象徵，日本南北朝時期更成爲考量正統的重要標誌。只是日本神話中「三神器」均源於神界，因而其邏輯基礎有著更爲濃厚的宗教色彩，而做爲「神器」，玉璽的歷史似乎有些過於分明了。

**延伸閱讀**

日本皇室的「三神器」爲歷代天皇所傳承。十四世紀，日本步入「一天二帝南北京」的南北朝時期，「三神器」就成爲確定王朝正統的重要信物。一三九二年，南朝後龜山天皇向北朝後小松天皇交出「三神器」後退位，日本由北向南實現統一，但最終被認定爲正統的卻是持有「三神器」的南朝。相較於在中國漸漸不爲君主所重視的玉璽，「三神器」做爲日本的「天命權力證書」，其生命力似乎更爲強大。

# 丹書鐵券錄
## 免死金牌或是催命符

如果說《三國演義》的最強神器是「玉璽」，《水滸傳》的最強神器就是「丹書鐵券」。梁山泊一百單八將中，「小旋風」柴進是後周柴世宗後裔，家中有宋太祖趙匡胤敕賜的丹書鐵券，故而面對官員步步緊逼時，依然底氣十足，百般周旋。丹書鐵券歷史上確有其物，民間俗稱為「免死金牌」，因丹書鐵券確實有免死的功用，甚至能「恕九死」。不過，正如柴進最後被逼上梁山落草為寇一樣，歷史上有丹書鐵券的功臣勳貴往往不得善終，甚至家破人亡，這一現象在明太祖朱元璋在位時期尤其明顯——與其說丹書鐵券是「免死金牌」，倒不如說它是「催命符」……

「錢鏐鐵券」複製品（中國國家博物館館藏）

死亡是世人繞不開的終點，司馬遷〈報任少卿書〉中說「人固有一死」和文天祥〈過零丁洋〉中寫「人生自古誰無死」都是關於生命始終的經典表述。然而，古代卻有一樣法律器物能夠讓人有「不死」的權利，那就是丹書鐵券。

關於丹書鐵券，最著名的莫過於《水滸傳》中柴進的故事。梁山好漢大多爲販夫走卒、江湖匪類，柴進的出身在這群人中尤爲顯貴。《水滸傳》第五十一回「插翅虎枷打白秀英，美髯公誤失小衙內」用了一闋〈西江月〉描述：「累代金枝玉葉，先朝鳳子龍孫。丹書鐵券護家門，萬里招賢名振。待客一團和氣，揮金滿面陽春。能文會武孟嘗君，小旋風聰明柴進。」

關於上關第二句的「丹書鐵券」，書中曾三番五次提及其來由與作用。林沖被發配滄州行進至柴進莊頭時，酒店主人說柴進「是大周柴世宗子孫。自陳橋讓位，太祖武德皇帝敕賜與他誓書鐵券在家中，誰敢欺負他」；後柴進也曾自述「家間祖上有陳橋讓位之功，先朝曾敕賜丹書鐵券，但有做下不是的人，停藏在家，無人敢搜」。可以看出，《水滸傳》中柴進爲後周世宗後裔，故宋太祖趙匡胤賜其丹書鐵券，這正扣上發生於顯德七年（九六〇年）的陳橋兵變。這一年趙匡胤於陳橋黃袍加身，柴宗訓不得不「應天順人，法堯禪舜」，將帝位禪讓與趙匡胤。由此看來，將柴進稱爲「先朝鳳子龍孫」，倒也非誇張之詞。

後周柴氏一族被宋朝奉爲「國賓」，故而依宋律的「八議」制度，柴進違律論罪時的確有「議、請、減、當、免」的特權。不過歷史上的趙匡胤並沒有賜柴氏以丹書鐵券，《水滸傳》之所以如此設計，大抵是因爲丹書鐵券在民間文化的影響力與可識別性較複雜的「八議」制度爲佳，故而更適合運用於通俗小說中。那麼問題來了：丹書鐵券究竟是何方寶器，居然能讓柴進有膽與當朝權臣爭鋒？如果現實生活中眞有柴進此人，而柴進也的確有丹書鐵券，他是否還會落得落草爲寇的下場？

泛而言之，丹書鐵券是指皇帝頒發給特定人士的一種帶有盟誓性質的文書，持券者得以享受相應特權，甚至免死，故民間俗稱爲「免死金牌」。不過，僅將丹書鐵券簡化爲「免死金牌」就過於小看這一器物的內涵了。

丹書鐵券淵源於周朝，肇始於漢朝，歷經魏晉南北朝、隋、唐、宋、元諸朝，於明朝達到興盛而後迅速消亡，這期間當然有人因丹書鐵券而成一時之貴，但更多人將丹書鐵券用成了「催命符」，這些故事遠不是「免死」二字所能概括得了的。

「丹書鐵券」是個統稱，歷代對其稱呼不一。兩漢分別稱爲「丹書鐵契」和「丹書鐵券」，「契」與「券」相通，「丹書」則是指鐵券上的誓詞用丹砂書寫。《資治通鑑》、《隋書》、《遼史》中又分別有「銀券」、「金書鐵券」、「金券」之稱，是由於製作材料的不同。《明史》因鐵券可世代相傳，又稱其爲世券，其實與丹書鐵券本爲一物，只是命名角度不同罷了。

## 國以永存：漢朝君臣的剖符作誓

論及丹書鐵券的誕生，就不得不提到漢朝的開國皇帝——漢高祖劉邦。漢朝之前本無丹書鐵券，據《漢書．高帝紀》載，劉邦平定天下後「命蕭何次律令，韓信申軍法，張蒼定章程，叔孫通制禮儀，陸賈造《新語》，又與功臣剖符作誓，丹書鐵契，金匱石室，藏之宗廟」；而「剖符作誓，丹書鐵契」的內容，則是「使河如帶，泰山若厲，國乃滅絕」。這十二個字締造了歷史上最古老的丹書鐵券。

漢朝建立後，劉邦鑑於秦朝孤立之敗，於是殺白馬與眾盟誓云：「非劉氏不得王，非有功不得侯。不如約，天下共擊之。」如果說「非劉氏不得王」是漢朝皇室內部的權力分割，那「非有功不得侯」則牽涉皇室與朝臣之間的利益分配，丹書鐵券可說是這種利益分配的文字佐證。《後漢書．祭遵傳》所載范升的上疏點明了這一點：「昔高祖大聖，深見遠慮，班爵割地，與下分功，著錄勳臣，頌其德美。生則寵以殊禮，奏事不名，入門不趨；死則疇其爵邑，世無絕嗣，丹書鐵券，傳於無窮。」劉邦借丹書鐵券「班爵割地，與下分功」，而功臣因被授予丹書鐵券得以「生則寵以殊禮」，「死則疇其爵邑」，可見丹書鐵券在其誕生之初的確具備帝王與臣子之間的「契約」之意。

「剖符作誓」本是古禮。依《周禮》，先秦時期盟誓當由司盟撰寫誓詞並記於簡冊上，「既盟則貳之」。先秦時期將竹符剖分爲二，盟誓的雙方各執其一，遇事時做爲憑證勘驗，「諸所合節以為『契』者也」。早期的券多爲易折斷、燒毀的材料，解除券中約定時透過焚券、削券、折券等方式表示權義兩清。而劉邦改爲丹書鐵券，其意自然是「申之以丹鐵而圖不朽」，正合河山帶礪之意。

從秦、漢之交的契約習俗來看，丹書鐵券的源頭應當是古老的盟誓之禮。不過《周禮．秋官司寇》有「大約劑書於宗彝，小約劑書於丹圖」的表述，鄭玄注曰：「今俗語有鐵券丹書，豈此舊典之遺言與？」從中或許能推得漢人的「丹書」或多或少受到「丹圖」的影響。

無論如何，丹書鐵券這一君臣間的「契約」，終於在西漢草創時誕生了。那麼，此時的丹書鐵券是否能被視爲「免死金牌」呢？

答案是否定的。漢初的丹書鐵券更近於榮譽而無法外之權，更非免死承諾，持券功臣中不乏獲罪之人，如蕭何便因「強賤買民田宅」、「多受賈人財物」而入獄險遭不測。功臣本人已然如此，功臣之後更無免罪特權。例如，持券功臣周勃封絳侯，其子周勝之嗣因殺人獲罪而身死國絕；後次子周亞夫被封爲條侯，續絳侯後，且周亞夫本身是平定七王之亂的元勳，最後依然被逼得絕食而死。

有漢一朝，持券功臣「以事失侯」者比比皆是。《史記．高祖功臣侯者年表》記載：「漢興，功臣受封者百有餘人……至太初百年之間，見侯五，餘皆坐法殞命亡國。」《漢書．高惠高后文功臣表》則直接感歎：「子孫驕逸，忘其先祖之艱難，多陷法禁，隕命亡國，或亡子孫。訖於孝武后元之年，靡有孑遺，耗矣。」漢初的持賜功臣何止不能免死，甚至連其子孫的封地也在太初年間便所剩無幾。可見漢朝丹書鐵券非但不能免死，縱然是誓詞上「國以永存，爰及苗裔」八字也實現得極爲勉強。

劉邦以丹書鐵券賜予臣下，畢竟不是眞心希望這些「跡漢功臣」成爲法外權貴，而是藉以「勸戒後人，用命之臣，死而無悔也」。一旦這些功臣眞的行違法亂紀甚至謀逆之事，皇權之下自然沒有罪臣容身之處，故而丹書鐵券雖是「契約」，但更象徵著帝王權力。

除將鐵券賜予功臣外，漢朝亦偶有用鐵券與他國盟誓之舉。《太平御覽》載，高祖九年（西元前一九八年）婁敬曾持節與匈奴劃地爲界，「作丹書鐵券曰：『自海（貝加爾湖）以南，冠蓋之士處焉；自海以北，控弦之士處焉。』割土盟誓然後求還。」在此處，丹書鐵券又帶有「卻其敵意」的羈縻之意。

劉邦之後，兩漢帝王未再將鐵券賜予大臣，但丹書鐵券出現時或代表君主，或代表王朝，故漢人亦習慣將鐵券與帝權直接掛鉤。如《後漢書．桓帝紀》所載，延熹八年（一六五年）蓋登稱太上皇帝，便自製「玉印、圭、璧、鐵券」，可見在民間鐵券的地位已與玉印、圭、璧等御用器物地位相當。另據《晉書．張昌傳》載，西晉太安二年（三

○三年）張昌、劉尼起事時，也將「雲鳳皇降」和「珠袍、玉璽、鐵券、金鼓自然而至」同列爲祥兆。然而値得一提的是，三國、西晉時期朝廷並未頒丹書鐵券，由此可見民間對這一器物的崇拜已根深柢固。

東晉以降，丹書鐵券再次出現。大興四年（三二一年），東晉元帝司馬睿授予鮮卑慕容部首領慕容廆監平州諸軍事、安北將軍、平州刺史等職時，又賜其「丹書鐵券，承制海東」。很明顯，這裡的丹書鐵券羈縻色彩甚濃，與漢初諸功臣所受的丹書鐵券完全不同，更與免罰、免死無關。然而在南北朝時期，這種情形卻悄然發生變化。

南北朝是中國歷史上大分裂、大融合共存的時期。各勢力分疆裂土的同時，漢、晉數百年幾近於絕跡的丹書鐵券突然大量出現，並搖身一變成了後人眼中的「免死金牌」。北魏孝文帝拓跋宏「興禮樂，變華風」之後，北魏一度「賞賜無度，盈積私家，金書鐵券，不死之詔頻以許人」。這一風氣明顯延續到後繼王國，西魏時期大將李穆冒死救宇文泰，宇文泰感激之餘「特賜以鐵券，恕其十死」，在此丹書鐵券做爲「免死金牌」，已然實至名歸。

不過，南北朝的丹書鐵券在賞賜功臣之餘，也出現了更靈活的用法。丹書鐵券可以招降，如南朝梁任果降北魏時「太祖嘉其遠至……賜以鐵券，聽世相傳襲」，可以招安，如杜洛周起義，北魏孝明帝元詡「楊當潛使以鐵券說賊黨」；可以策反，如侯景叛亂時，梁武帝蕭衍收買范桃棒，「敕鐫銀券，賜桃棒曰：『事定之日，封汝河南王。』」

丹書鐵券在南北朝不足二百年的歷史中獲得了極大的延展：一方面，做爲「免死金牌」的丹書鐵券終於出現；另一方面，丹書鐵券在政治軍事活動中的作用被極大拓展。這一切都成爲後世丹書鐵券的「底色」，最終爲這器物在民間文化中披上一層神祕面紗。

## 臣反賜券：懷柔之心與強藩悍將

南北朝統一於隋後，丹書鐵券制度依然持續。隋末，越王楊侗稱帝，段達、王世充等七人因擁立之功被「委以機務，為金書鐵券，藏之宮掖。於時洛陽稱段達等為『七貴』」。此時的丹書鐵券被稱爲金書鐵券，得益於冶金技術不斷發展，鐵券上的誓文已能夠用金銀填嵌。《隋書》未明言「七貴」的金書鐵券是否有免死之權，只是「七貴」無一例外均未得善終——這也不能怪鐵券，而是亂世之中弄權者多難全身而退，並非一枚金書鐵券所能改變的。

隋、唐易代後，中國再次迎來大一統，唐高祖李淵如劉邦一樣開始論功行賞，頒布了一道〈褒勳臣詔〉：「朕起義晉陽，遂登皇極，經綸天下，實仗群材。尚書令秦王世民、尚書右僕射裴寂等，或合契元謀，或同心運始，並蹈義輕生，捐家殉節，艱辛備履，金石不移。論此忠勤，特宜優異。官爵之榮，抑惟舊典；勳賢之議，宜有別恩。其罪非叛逆，可聽恕一死。其太原元謀勳效者，宜以名聞。」

這道詔書中，李淵明確了諸勳臣「恕一死」的法外之權。雖然其中未提及丹書鐵券，但《唐大詔令集》中，這封詔書被歸入「功臣．鐵券」篇，可知當時雖無其名而已有其實。以此為基礎，唐朝的丹書鐵券開始有了相對固定的格式要求，其誓詞基本包括以下內容：賜券日期，受賜者的姓名、官爵、邑地，受賜者的功勳業績；冊封內容與賦予特權；對受賜者的訓誡，臣子須忠於朝廷以「長襲寵榮，克保富貴」、「永將延祚子孫」；最後則是皇帝之誓，否則「天不蓋，地不載，國祚傾危」。格式的固定意味著制度化的開始，也意味著唐朝君主對丹書鐵券這一形式的重視，最著名的例子莫過於武則天的身後之事。

武則天晚年自知國政將復歸於李氏，「慮身後太子與諸武不相容，壬寅命太子、相王、太平公主與武攸暨等為誓文，告天地於明堂，銘之鐵券，藏於史館」。可見武則天為保護武氏後人，最終將希望寄託在鐵券之上。雖說此舉出於無奈，但畢竟意味著丹書鐵券依然有相對的公信力——只是這種公信力如鏡花水月一般，未能給武氏後人帶來安定的未來。

武則天的「迷信」背後，是當時統治者對丹書鐵券的頻繁使用，與此相應，丹書鐵券各方面的功用亦在唐朝得到加強。首先是冊封功臣。有唐一朝，尤其是高宗、中宗、睿宗時期，皇室內部權力爭奪極爲激烈，幾乎每一次「奪門」之變，都有臣子以擁立之功獲鐵券，如楊元琰誅殺張易之、張昌宗兄弟後，便獲「賜鐵券，恕十死」。其次是勸降羈縻。唐立國之初四方未定，李淵曾對苑君璋「使詔之，賜鐵券，約不死」。天寶年間，少數民族首領如護密國王子頡吉里匐、柘支國順義王子那俱車鼻施等多有獲丹書鐵券者，是「重爵貴號，以崇其寵；丹書鐵券，以表其忠」之意。最後妥靖強藩，以安反側是最特殊的功用。

唐朝後期，尤其是安史之亂後，藩鎮割據日益嚴重，面對眾多強藩悍將，朝廷根本無力掌控，故只得示懷柔之心，丹書鐵券就成了最好的選擇。如唐代宗對李寶臣、李懷仙、薛嵩、田承嗣等藩鎮下詔「**凡為安、史詿誤者，一切不問**」，並「**皆賜鐵券，誓以不死**」；同樣，面對王武俊、朱滔、田悅、李納等悍將僭號稱王，唐德宗不僅賜鐵券，還在券文中罪己道：「**萬方有罪，罪在朕躬，我實不德，兆民非咎。**」至僖宗、昭宗二朝，唐朝廷已衰弱到帝王被亂兵所逼頻頻出幸，於是皇帝在危急之下只得將丹書鐵券視爲救命稻草任意賜券，由此導致的結局是唐末受券「功臣」功勞未必顯著，鐵券上所載的權力卻日益加強，動輒「恕十死」且能惠及子孫。

現存最古老的一枚丹書鐵券實物，正是唐末悠悠亂世中誕生的。乾寧二年（八九五年），義勝軍節度使董昌於越州稱帝，建大越羅平國，董昌部將錢鏐不肯相附，奉唐昭宗李曄之命平叛並取得勝利。董昌平定後，李曄大喜過望，拜錢鏐爲鎭海、鎭東兩鎭節度使，加檢校太尉、中書令，並賜丹書鐵券，券文如下：

「維乾寧四年歲次丁巳，八月甲辰朔四日丁未，皇帝若曰：諮爾鎮海鎮東等軍節度、浙江東西等道觀察、處置營田招討等使兼兩浙鹽鐵制置發運等使，開府儀同三司檢校太尉，兼中書令，使持節潤越等州諸軍事兼潤越等州刺史，上柱國彭城郡王食邑五千戶，食實封一百戶錢鏐，朕聞銘鄧騭之勳，言垂漢典；載孔悝之德，事美魯經。則知褒德策動，古今一致。頃者董昌僭偽，為昏鏡水，狂謀惡貫，渫染齊人。而爾披攘凶渠，蕩定江表，忠以衛社稷，惠以福生靈。其機也氛祲清，其化也疲羸泰。拯於粵於塗炭之上，師無私焉；保餘杭成金湯之固，政有經矣。志奬王室，績冠侯藩，溢於旂常，流在丹素。雖鐘繇刊五熟之釜，竇憲勒燕然之山，未足顯功，抑有異數。是用錫其金版，申以誓辭。

長河有似帶之期，泰華有如拳之日，惟我念功之旨，永將延祚子孫，使卿長襲寵榮，克保富貴。卿恕九死，子孫三死，或犯常刑，有司不得加責。承我信誓，往惟欽哉！宜付史館，頒示天下。」

歷朝丹書鐵券能留存於後世者寥寥，而這一份「錢鏐鐵券」居然得以歷經千餘年而傳世，其中亦經歷了不少傳奇故事。從這份鐵券中可以明確看到「卿恕九死，子孫三死」和「或犯常刑，有司不得加責」兩句，得此丹書鐵券不僅能免九次死，普通的違法之舉時有司甚至沒有執法權，這樣的「免死金牌」眞是續命寶器了。

不過，丹書鐵券的功用本立足於帝權，一旦皇帝本身的權威掃地，丹書鐵券所載之事實現的可能性就可想而知了。唐末皇帝慣於用鐵券安撫權臣之心，使得丹書鐵券本應隱含的榮耀或嘉獎之意全無，取而代之的是受賜者有謀逆之心的暗示。唐德宗時期，李懷光有「解奉天之難」之功卻不受召見，因而心生不滿。唐德宗李適爲安其心而「加太尉，賜鐵券」，未想李懷光的回應卻是「人臣反，則賜鐵券，今賜鐵券，是使反也」。可見經過長時間的濫用與誤用，唐朝後期的丹書鐵券早已不是漢唐之初那河山帶礪的榮譽，而是逆臣賊子的宣告文書。

雖然漢朝之後的丹書鐵券功用曖昧，但自南北朝開始，這一器物因其明文記載的法外之權而日漸成爲「免死金牌」的代名詞。然而因此，丹書鐵券更具諷刺意味，因受賜鐵券者犯下死罪而眞能免死者實在屈指可數。唐初期功臣劉文靜、裴寂一個被誣殺，另一個被流放而病逝；唐中期桓彥範、敬暉、袁恕己等被殺於流放途中；唐晚期杜讓能受賜自盡，凡此種種，不一而足。由此而論，唐末強藩悍將發出「人臣反，則賜鐵券」的呼聲，也不枉丹書鐵券本身的血跡斑斑。

## 血色承襲：有名無實的免死金牌

唐亡之後，五代不僅承襲了丹書鐵券，更承襲了丹書鐵券的血色。後唐莊宗李存勖對朱友謙「賜之鐵券，恕死罪」，後又將朱友謙及其家族二百餘口一併斬殺。朱友謙妻張氏臨刑前拿出鐵券言「此皇帝所賜也」亦是徒然。後晉高祖石敬瑭賜范延光鐵券「許之不死」，然而范延光隨即被楊承勳逼殺，石敬瑭亦未對楊承勳問責。對於丹書鐵券有名無實之事，後唐明宗李嗣源與趙鳳之間的一席對話闡述得非常明白。

《資治通鑑．後唐紀》載：「上（李嗣源）問趙鳳：『帝王賜人鐵券，何也？』對曰：『與之立誓，令其子孫常享爵祿耳。』上曰：『先朝授此賜者止三人，崇韜、繼麟尋皆族滅，朕得脫如毫釐耳。』因歎息久之。趙鳳曰：『帝王心存大信，故不必刻之金石也。』」面對受賜鐵券者皆族滅的慘劇，連君王自身也「歎息久之」；而趙鳳回答「帝王心存大信，故不必刻之金石」就顯得非常委婉，其意不外乎帝王若無信，刻之金石也無用罷了。

如果說南北朝給了丹書鐵券「免死」的聲望，那麼唐朝則使這一聲望煙消雲散。宋朝立國之初爲安撫李重進、盧絳、陳洪等將領，曾賜其鐵券，甚至對功臣王審琦也曾賜鐵券，約定恕其本人九死、子孫五死，但賜券一事並未成制。

有宋一朝，朝廷對於丹書鐵券基本持保留甚至反感態度。北宋祥符年間，王沂公出使契丹，契丹館伴耶律祥吹噓其鐵券，王沂公便回敬道：「鐵券，蓋勳臣有功高不賞之懼，賜之以安反側耳，何為輒及親賢？」王沂公之論並非個論，胡寅有言：「鐵券許之以不死也，人臣有死罪，安得不死？而預以免死許之，是誘而致於戮也。愚者以之肆，黠者以之疑，無施而可。故雖高帝於功臣剖符作誓、丹書鐵契、金匱石室、藏之宗廟，而不免予殺韓信、醢彭越、斬英布，又況其幾乎？是故有功則賞，有罪則刑，堯舜三王不易之道，何以鐵券為！」呂祖謙有云：「賞賜非出於利誘，則迫於事勢，至有朝賜鐵券而暮屠戮者，則與『中心貺之』者異矣。」可見在宋儒心中丹書鐵券不過是權術之器，終非善物。

在宋朝，以科舉制度為核心的官僚政治形態全面取代門閥士族政治形態，中央集權進一步加強，丹書鐵券的式微正是這一趨勢的必然結果。然而與宋並存的遼、金諸朝，則進一步吸收了中原王朝的丹書鐵券制度，以至於出現了耶律祥與王沂公之間的一幕。

遼朝賞賜臣下鐵券的記載始於建國之初，其賜券主要針對皇親國戚，如蕭割輦、耶律隆慶、耶律宗願、耶律淳等。遼朝視鐵券為身分性標誌，並無唐、五代時的濫授現象，但王沂公所言「賜之以安反側耳」的情況也的確存在，遼道宗耶律洪基剪除耶律重元之前，正是透過「賜金券」的方式安其心。金朝同樣借鑑丹書鐵券制度，並在滅遼伐宋戰爭中針對功臣進行賜券，約定「惟死罪乃笞之，餘罪不問」、「除叛逆外，餘皆不問」、「除常赦不原之罪，餘釋不問」等特權。不過與中原王朝多數丹書鐵券一樣，這些約定也如一紙空文，很快受券功臣就面對著「必欲殺之，誓券安足用哉」的無奈境遇。

《金史．百官志》對金朝丹書鐵券的形制有詳細記載：「鐵券，以鐵為之，狀如卷瓦。刻字畫欄，以金填之。外以御寶為合，半留內府，以賞殊功也。」可見金朝鐵券形制基本沿用中原舊制，一半頒給功臣，一半藏於內府，兩券合起以驗真偽。

遼、金之後，元朝並無丹書鐵券制度，僅成吉思汗曾賜誓券和黃金印於木華黎，以助其經略中原之勢。有元一朝，倒是有一「答剌罕」封號享受「九罪弗罰」的特權並可世襲，與丹書鐵券功用相似。

元朝雖無丹書鐵券，但其後情形再次逆轉。《明通鑑》載，洪武元年（一三六八年），明太祖朱元璋「剖符封功臣，召（宋）濂議五等封爵，宿大本堂，討論達旦，歷據漢、唐故實，量其中而奏之」。至洪武三年（一三七〇年），「大告武成，論功行賞，公爵者十人，侯爵者二十八人，鐵券丹書，誓諸白水，河帶山礪，爰及苗裔」，丹書鐵券由此迎來了最爲輝煌的時代。

從《明史》等典籍記載來看，朱元璋設丹書鐵券的初衷與劉邦相似，既有保恤功臣的意思，又希望透過示恩使功臣之後也能夠報德明功、勤勤懇懇。不過由於宋、元兩朝的中斷，明朝立國之初已不知鐵券形制，朱元璋遣使請錢鏐後人進獻鐵券，並以其爲樣板，明朝鐵券的形制與唐朝鐵券保持了相對的延續性，而又有改良。

據《萬曆野獲編》所載，明朝鐵券「形如覆瓦，面刻制詞，底刻身及子孫免死次數，質如綠玉，不類凡鐵，其字皆用金填，券有左右二通，一付本爵收貯，一藏內府印綬監備照」，比之於唐朝鐵券，在質地、券文內容等方面均有變化。尤爲不同的是，唐朝鐵券爲單券，明朝鐵券則與金朝相仿，分爲二通，一通給受賜人，另一通收藏於內務府。

與形制的改變相對應，明朝鐵劵最大的變化在於其制度化。《大明會典．功臣封爵》載「所封公侯伯，皆給誥券」，意味著賜劵已成爲公、侯、伯三等爵受封時必備的程序，而高低不同的爵位所對應的鐵劵亦大小不一，從「一高尺，廣一尺六寸五分」到「一高六寸五分，廣一尺二寸五分」不等。那麼，關鍵的問題來了：明朝的丹書鐵劵是否有「免死」功效呢？

當然有，不過相對於唐朝動輒「恕十死」的做法，明朝鐵劵的規定相對保守。如大將軍徐達在明初號稱戰功第一，被封魏國公，然依其鐵劵只能免死三次，其子免死二次。又如丞相、太師、位列百官之首的李善長，依其鐵劵亦僅能「免二死，子免一死」。免死一次至兩次，成爲明朝鐵劵的「標配」。

明朝丹書鐵劵的「免死」功效，是否能落實呢？言及此，正可謂「日光之下，並無新事」。

明朝鐵劵的功用受限有其必然性。一方面，持劵功臣自恃有鐵劵而犯法，明初已成大患。如藍玉不僅私吞大量珍寶駝馬，還霸占民田，御史依法審案，藍玉直接將御史逐離；又如郭英橫行不法，因小事擅殺男女五人……洪武一朝，各路持劵功臣或強占官民山場、湖泊、茶園、蘆蕩及金銀銅場鐵冶，或是倚恃權豪，欺壓良善，侵奪田地房產，甚至連功臣的奴僕、家僮也狐假虎威，淩暴鄉里，甚至沒有鐵券的勳臣也橫遭欺凌。可以說明朝丹書鐵券制度剛恢復不久，就掀開了人性中最醜惡的一面。因此，朱元璋不得不下詔工部作鐵榜，對持券勳臣戒以保全終始之道，而這部「鐵榜」所書，正是丹書鐵券權力的「但書」和抵罪的「實施細則」。持券功臣或其家人、僕人有相應罪行需鐫相關過錯於鐵券，於是丹書鐵券又成了功臣的罪行書與履歷表。

另一方面，丹書鐵券終究逃不過政治鬥爭。朱元璋晚年多有屠戮功臣之舉，尤其「胡惟庸案」後，常以「莫須有」罪名剪除功臣，馮勝、藍玉、傅友德等均未能倖免。尤其是處死李善長時，朱元璋竟託辭天象有「星變」，依占卜結果當移除大臣，於是誅殺其一家七十餘口。谷應泰評論胡藍黨案時歎息道：「朝登盟府，夕繫檻車，口血未乾，爰書遂擬。」這十六個字基本能表達出明朝丹書鐵券免死的功效。

丹書鐵券伴隨有明一朝，明成祖朱棣靖難之役、明英宗朱祁鎮奪門之變後，又兩次大規模頒賜，以封賞靖難及擁立之功；這些後繼的丹書鐵券亦如洪武時期一樣，難以實現其免死的承諾。縱向相比，明朝除無借鐵券綏靖強藩之事，其賜券之舉與唐朝並無太大差別，而自明英宗始，宦官干政日漸增多，丹書鐵券的頒賜又漸漸抹上強權色彩。終明一朝，丹書鐵券可謂有「免死金牌」之名，卻無「免死金牌」之實。

*

自劉邦下令製作丹書鐵券後，這一器物在歷朝更迭中幾經起伏，最終被歲月打上「免死金牌」的烙印。《水滸傳》借丹書鐵券烘托柴進的身世雖爲虛構，但大抵符合歷史邏輯。不過，歷史上的丹書鐵券通常徒有虛名，眞要仰仗其免死往往不可靠，從這一角度而言，柴進持券卻被逼上梁山的情節，更具有眞實性。

丹書鐵券「不堪大用」，一方面源於「人主不能廢法而曲全之」，另一方面更源於丹書鐵券基礎的脆弱。相比於趙鳳「帝王心存大信，故不必刻之金石」之語，《皇明功臣封爵考》的評論更爲犀利：「治稍下衰，而誓誥興，信不足，有不信。夏後作誓，而民始叛；殷人作誥，而下益惑。蓋自結繩而為書契，自書契而為誓誥，利害相摩，機械相直。君父而臣子也，君有不得於其臣，臣有不得於其君，天理之存者，曾不毫髮，況又自誓誥而為鐵券，其欲使人不叛且惑亦難矣。」

說到底，丹書鐵券名爲契約，更近權術，自然非信義所能左右；至於其上的免死條款，非常之時何止不能免死，簡直更如催命符。

# 尚方斬馬劍

## 兵、禮、律法的三重身分

歷史小說、戲曲、影視作品中，往往存在一件可以「上斬昏君，下斬佞臣」的神兵利器，無辜者在面對貪官汙吏的欺凌時，往往能依仗它而沉冤得雪，這件武器就是尚方寶劍。經典喜劇電影《九品芝麻官之白面包青天》中，周星馳扮演的包青天看到嫌犯有權貴撐腰立刻祭出尚方寶劍，就連在官場久經風浪的李公公也著實被嚇了一跳。不過，尚方寶劍名聲雖大，細想之下卻經不起推敲：尚方寶劍之所以為人們所忌憚是它由皇帝親賜，試問有哪個皇帝會賦予別人斬殺自己的權力呢？如果「上斬昏君，下斬佞臣」只是文學誇張，那尚方寶劍的真實面孔又是怎樣呢？

「吳王夫差」青銅劍（圖中間的文物，中國國家博物館館藏）

《封神演義》中，元始天尊曾命南極仙翁賜予姜子牙一條「打神鞭」，凡封神榜上有名者皆可打之，而姜子牙借此利器一路輔助周武王姬發伐紂滅商，成就了千秋偉業。《封神演義》的怪力亂神本爲虛構，鞭笞三山五嶽、四海八荒眾神的「打神鞭」自然更是「又向荒唐演大荒」式文學創作。然而中國法制史中，有一樣現實存在的器物的確有著「打神鞭」般的威力——就是號稱能「上斬昏君，下斬佞臣」的尚方寶劍。

尚方寶劍一直是古往今來的小說、戲曲、影視作品中傳奇般的存在。如果說「擊鼓鳴冤」只是爲了讓冤情直達天聽，尚方寶劍本身就代表皇權，持此劍者可以行先斬後奏之事，很多作品的主人公也是借助尚方寶劍除暴安良，沉冤得雪。文學創作的敘事中，尚方寶劍成爲傳統社會對抗森嚴等級的最後武器，尚方寶劍的持有者成爲幫助無辜百姓實現公平正義的超級英雄。

元朝關漢卿的雜劇《望江亭》第三折中，便出現楊衙內向皇帝請賜「勢劍金牌」以斬白士中首級的情節。此處「勢劍」即尚方寶劍在戲曲中的代稱，而《望江亭》京劇唱詞中，的確將「勢劍」改成「尚方寶劍」，並借劇中人之口明確其「先斬後奏」的權力。無辜主人公爲奸人所害，最後借尚方寶劍申冤的橋段廣泛存在於傳統公案小說中，並影響後世的影視劇創作。如一九九四年周星馳主演的電影《九品芝麻官之白面包青天》和二千年出品的中國電視劇《尚方寶劍》中，尚方寶劍分別與「上斬昏君，下斬佞臣」和「先斬後奏」之權聯繫在一起，並成爲正直官員試圖倚仗的權威。

然而，僅從這一系列作品的架構就能看出不合理之處：尚方寶劍源於皇帝親授，能「先斬後奏」、「下斬佞臣」皆爲合理，但怎麼可能「上斬昏君」？試問哪個皇帝會承認自己是昏君，並將斬殺自己的大權授予他人？與此相對應，戲曲、小說中關於宋朝八賢王所持凹面金鐧的傳說就相對合理地解釋了其由來：宋太祖趙匡胤將帝位傳給其弟宋太宗趙光義，同時賜予其子趙德芳（亦有作品稱「趙德昭」）凹面金鐧（亦有作品稱爲趙光義賜），可以「上打昏君，下打讒臣」。山東梆子戲《回龍傳》就有這一根極富儀式感的金鐧：鐧上一龍三鳳一百單八孔，殺一個皇上摘一隻龍，滅一個娘娘去一隻鳳，斬一個奸臣塡一個孔。趙光義繼位大統像一樁疑案，後世民間出現「八賢王」的傳說有其歷史基礎。一朝天子一朝臣，雖然凹面金鐧在歷史上不可能出現，但相比於尙方寶劍「上斬昏君」的設定，顯然更能邏輯自洽。

歷史上的尙方寶劍是否存在，如果存在到底是什麼樣子？所謂的「上斬昏君，下斬佞臣」和「先斬後奏」，有幾分眞幾分假？如果尙方寶劍本不特別，爲何在林林總總的文學作品中成爲君權與正義的化身呢？

## 朱雲：尙方斬馬劍的緣起

「尙方寶劍」的「寶」本爲修飾詞，尙方寶劍其實是尙方劍。解析尙方劍的由來，首先要從「尙方」二字開始。

事實上，尙方是官職名，爲少府的屬官之一。少府創制於秦，漢朝時與太常、光祿、鴻臚等同列爲九卿。《漢書．百官公卿表》言「少府，秦官，掌山海池澤之稅，以給共養」，此處的「共養」如顏師古所言「少府以養天子也」，特指供養皇帝，故少府的職司主要是課征山海池澤之稅，並負責皇帝的衣食起居、遊獵玩好等需求的供給。少府職能廣泛，尚方做爲少府的屬官，專門負責製作「御刀劍諸好器物」，蔡倫便曾兼任尚方令，並負責製作皇室用劍及各類器械，因製作精良爲後世沿襲。

所謂「尚方劍」，便是由尚方督造之劍，因其御用，又有「御劍」之名。推而廣之，皇帝所賜之劍，無論是爲賞還是爲罰，均可視爲尚方劍或御劍。既是御用之物，除皇帝外自然不能擅用，西漢名臣韓延壽被治罪時，其中一項重要罪名便是「鑄作刀劍鉤鐔，放效尚方事」，可見尚方劍與皇權掛鉤，他人擅用就是「上僭不道」。

尚方劍雖由皇室專用，但其鑄造之初並無專殺的權力，眞正將尚方劍與「上斬昏君，下斬佞臣」的文化含義相連，源於《漢書．朱雲傳》所載的朱雲彈劾張禹一案：「（朱）雲曰：『今朝廷大臣上不能匡主，下亡以益民，皆尸位素餐……臣願賜尚方斬馬劍，斷佞臣一人以厲其餘。』上問：『誰也？』對曰：『安昌侯張禹。』上大怒，曰：『小臣居下訕上，廷辱師傅，罪死不赦。』御史將雲下，雲攀殿檻，檻折。」

張禹是當朝丞相，亦是漢成帝劉驁的老師。朱雲當庭彈劾張禹禍國，並向皇帝請賜尚方斬馬劍以誅殺之，引得皇帝震怒，之後朱雲據理力爭，緊抱殿前欄杆以至於欄杆折斷。朱雲雖然險些喪命，但由此產生「朱雲折檻」這一典故，成爲萬世諍臣的楷模。

朱雲所請的尚方斬馬劍正是尚方劍。至於爲何中間有「斬馬」二字，顏師古注曰：「斬馬劍，劍利可以斬馬也。」秦、漢一向有以牛馬試劍鋒之利的傳統，如《尸子》的「水試斷鵠雁，陸試斷牛馬，所以觀良劍也」，以及《韓非子．顯學》的「水擊鵠雁，陸斷駒馬，則臧獲不疑鈍利」所言皆爲此類。

因尚方劍無專殺權，故朱雲請劍亦爲朝臣首創，可以推出其是以尚方劍爲喻，而在此語境下，御用的尚方劍帶有兩層含義：至高皇權與公平正義。以「尚方」喻皇帝權威再自然不過，但尚方器械眾多，爲何獨以「劍」爲喻，而非刀槍斧鉞等物？這就不得不考察劍本身的文化內涵。

劍，最遲在先秦時期就已成爲等級的標誌。《周禮．冬官考工記》記載：「身長五其莖長，重九鋝，謂之上制，上士服之；身長四其莖長，重七鋝，謂之中制，中士服之；身長三其莖長，重五鋝，謂之下制，下士服之。」可見春秋時期，透過不同形制的佩劍大致就能區分出上、中、下士的區別。《史記正義》有「春秋官吏各得帶劍」的記載，《史記》也記載秦國「簡公六年，令吏初帶劍」、「簡公七年，百姓初帶劍」。由此可推出春秋時期佩劍爲官吏特權，後來才因時代更易而拓展至百姓，劍與身分的關聯不言而喻。

秦朝統一後推行「銷鋒鏑」政策，盡收天下兵器鑄成十二金人，佩劍再次成爲官吏特權。漢高祖劉邦以三尺劍取天下，遂捨棄三代的佩玉，沿襲秦朝佩劍並有所發展，以至於孕育出「劍履上殿」制度。

依秦、漢之制，「群臣侍殿上者，不得持尺寸之兵」，劉邦建國後論功封賞以蕭何第一，故賜予蕭何「劍履上殿，入朝不趨」之禮。在一眾手無寸鐵的臣僚中，唯蕭何可以佩劍，此等尊榮可想而知。兩漢及之後的三國時期能得「劍履上殿」殊榮者寥寥，如梁冀、董卓、曹操、曹眞、曹爽、司馬師及諸葛恪等人，均稱得上位極人臣。

劍自古與身分相關，漢朝又經過「劍履上殿」制度的加權，其指代意義自然非常明顯。與此同時，兩漢出於重威、懷柔的考慮，亦有賜劍之舉，如針對內臣賜予鄧馮石之應奉駁犀具劍和駁犀方具劍，針對外藩賜予廣陵王劉胥之匈奴單于寶劍和玉具劍。戰爭時期，君主甚至會賜劍於領軍大將，如劉秀曾賜彭寵以「服劍」，賜馮異以「七尺具劍」；更有甚者如衛綰有「先帝賜臣劍凡六」。可見漢朝賜劍之風不可謂不盛行。雖然此處僅代表君王的恩寵而與專殺權無關，但足以看出朱雲以劍爲喻的制度背景。

不過，劍與身分、君恩的勾連只能解釋尙方劍的至高皇權之意，關於公平正義，還有另一條文化脈絡——自先秦始，劍便沾染上濃厚的俠義色彩。春秋戰國時期有馮諼彈鋏、毛遂按劍逼楚之舉，屈原有「帶長鋏之陸離兮」之歎，《史記．刺客列傳》有更多對劍的大書特書。時至漢朝，做爲開國皇帝的劉邦對其「提三尺取天下」的武功津津樂道。上有所好，下必甚焉。有漢一朝武夫勃興、輕死重氣，如司馬相如、東方朔等名臣文豪少時均學過擊劍之術，劍與俠的聯繫，自然而然體現到朝堂之上。

從這幾個角度出發，就不難理解朱雲爲何在沒有制度先例的情況下會請賜尙方劍行專殺之事。對於皇帝而言，尙方劍代表至高無上的身分；對於丞相及太子師而言，尙方劍又代表「力折公侯」的俠氣。這兩者混合形成的文化內涵成爲朱雲請賜尙方劍的邏輯起點，也讓他有了試圖在森嚴的官秩等級下撕出一個缺口的勇氣。

朱雲彈劾張禹並未成功，但朱雲折檻和尙方劍的典故卻流傳於世，成爲後世尙方劍制度遙遠的起源。

## 專殺：將在外，君命有所不受

「劍履上殿」制度雖然日漸消亡，但佩劍制度在漢朝之後得以保留和發展。《晉書．輿服志》載：「漢制，自天子至於百官，無不佩劍，其後惟朝帶劍。晉世始代之以木，貴者猶用玉首，賤者亦用蚌、金銀、玳瑁為雕飾。」可見晉朝因襲漢制，同時透過玉、蚌、金銀、玳瑁等不同材質區分持有者的貴賤。

隋朝輿服制度進一步細化，出現依官員品級分別佩帶玉具劍、金裝劍、銀裝劍、象劍的規定。唐朝依然如此，岑參〈奉和中書舍人賈至早朝大明宮〉詩云：「雞鳴紫陌曙光寒，鶯囀皇州春色闌。金闕曉鐘開萬戶，玉階仙仗擁千官。花迎劍佩星初落，柳拂旌旗露未乾。獨有鳳凰池上客，陽春一曲和皆難。」其中「花迎劍佩星初落」一句，將唐朝朝堂之上的劍佩鏘鏘描繪得淋漓盡致。

與此同時，尙方劍的典故開始爲臣工所引用。《晉書．段灼傳》載段灼上疏提及「朱雲抗節求尚方斬馬劍，欲以斬禹，以戒其餘，可謂忠矣」；狄仁傑與張光輔爭執時直接說出「如得尚方斬馬劍加於君頸，雖死如歸」的犀利言辭；王翰〈飛燕篇〉言「古來賢聖歎狐裘，一國荒淫萬國羞。安得上方斷馬劍，斬取朱門公子頭」，尙方斬馬劍已成爲這位邊塞詩人心中明晰的意象。

由此可見，尙方劍制度雖未在律法意義上建立，但在士大夫心中，文化意義上的尙方劍形象已隨著朱雲折檻的典故成型。同時看到晉人段灼的引典以朱雲爲主，進而提及尙方劍；而至狄仁傑、王翰時期，尙方劍已能脫離朱雲單獨成典，在尙方劍文化流變中是個不小的進步。

與漢朝相仿，以武立國的唐朝同樣有賜劍制度，且這一制度相較於前者頗有耐人尋味之處。《舊唐書．裴度傳》載：「上欲盡誅元濟舊將，封二劍以授梁守謙，使往蔡州。度回至郾城遇之，乃復與守謙入蔡州，量罪加刑，不盡如詔。守謙固以詔止，度先以疏陳，乃徑赴闕下。」此則故事中，梁守謙被皇帝授予尚方劍，同時擁有「盡誅元濟舊將」的權力。是不是意味著唐朝的尚方劍至少有了「下斬佞臣」的專殺權呢？

並非如此。「專殺」之權主要在「專」而不在「殺」。梁守謙授劍之後，只有「殺」權而無「不殺」之權，當裴度未以死刑處置元濟舊將時，梁守謙認爲「不盡如詔」並「固以詔止」。可見，此處梁守謙完全沒有任何便宜從事的決策權，他手中的尚方劍與專殺權並無關係。

直到宋朝，尚方劍終於在一定範圍內與便宜從事的專殺權有了聯繫。北宋曾公亮和丁度所著《武經總要》載：「本朝之制，大將每出討皆給御劍自隨，有犯令者聽其專殺。」《宋史．李重貴傳》亦有實例：「以重貴為麟府州濁輪寨路都部署……太宗善之，出御劍以賜，又累遣使撫勞。」可見依宋制，將領出征前有賜尚方劍這一制度，且執尚方劍者擁有專殺權。《宋史．田敏傳》更進一步明確了尚方劍與便宜從事權之間的關係：「敏自魚臺北悉驅南徙，凡七百餘戶，送定州。遷北平寨總管，賜御劍，聽以便宜從事。」《武經總要》雖指出「有犯令者聽其專殺」，但這一專殺權應當有所限制。北宋慶曆年間，權御史中丞賈昌朝上備邊六事，提及「馭將帥」時，舉曹彬、李漢瓊討江南爲例，言：「太祖召彬至前，立漢瓊等於後，授以劍曰：『副將以下，不用命者得專戮之。』」賈昌朝所推的「便宜從事」，僅指偏將、裨將有不聽令者以軍法論，與「副將以下，不用命者得專戮之」相符，也就是說，宋朝的尚方劍專殺權有限，僅在戰時針對副將以下低階軍官有效。

與兩宋相對，遼、金兩朝及之後的元朝亦效仿宋制建立賜劍專殺之制。《遼史》有「復遣東京留守耶律抹只以大軍繼進，賜劍專殺」、「仁先為西北路招討使，賜鷹紐印及劍。上諭曰『卿去朝廷遠，每俟奏行，恐失機會，可便宜從事』」的記載；《金史》有「上將御船，賜白撒劍，得便宜從事決東平之策」的記載；《元史》的記載更具情節性：「面賜錦衣、玉帶，弘範不受，以劍甲為請。帝出武庫劍甲，聽其自擇，且諭之曰：『劍，汝之副也，不用令者，以此處之。』」

從賜劍專殺的角度來看，宋、遼、金、元諸朝之制的確相似；但從尚方劍的角度來看，又是另一番景象。自秦朝以降，漢人王朝均以皇帝所用御劍爲尚方劍，所以可默認皇帝賜劍均爲尙方劍；而遼、金、元做爲少數民族王朝則不宜如此定義。至於元朝張弘範「以劍甲爲請」之後，皇帝直接「出武庫劍甲，聽其自擇」，此處的劍雖有專殺權，但絕不適合歸類爲尙方劍。而且，縱然是兩宋時期皇帝所賜、持有將領在軍中享有專殺權的尙方劍，也與文化層面的尙方劍截然不同。

李重貴、田敏、曹彬、李漢瓊諸將所持尙方劍，解決的是將領在作戰時遠離朝廷，若事事奏請會貽誤軍機的問題，是「將在外，君命有所不受」的「兵法之劍」；而自朱雲以後歷代臣工（尤其是文臣）所請的尙方劍，是爲斬奸除惡以正朝綱的「律法之劍」。雖然兩者均爲尙方劍，但宋人卻區分得非常明白：南宋淳祐十年（一二五〇年）太學生劉黻上書所言的「異時雖借尚方劍以礪其首，尚何救於國事之萬一哉」，以及開慶元年（一二五九年）國子監主簿徐宗仁所言的「至有欲借尚方劍為陛下除惡」之尙方劍，均是朱雲請賜以誅重臣的「律法之劍」，與戰場上將領賴以專殺的尙方劍截然不同。

爲什麼在宋人心裡，尙方劍的意義會有如此明顯的不同呢？因爲宋朝時做爲將領專殺權代表的尙方劍其實有另一個淵源，就是節鉞。《禮記．王制》言：「賜鈇鉞然後殺。」隋、唐之前，將領在軍中行使專殺權的器物一直是節與鉞，節鉞制度歷經漢、晉至南朝時已經非常完善，沈約《宋書》言「使持節為上，持節次之，假節為下。使持節得殺二千石以下；持節殺無官位人，若軍事得與使持節同；假節唯軍事得殺犯軍令者」，同時「假黃鉞，則專戮節將」，可見宋朝的尚方劍完全是節鉞的再現。

節鉞制度於隋、唐時期日漸式微，趙匡胤透過兵變立國，懲節將割據之弊，將之前的節鉞架空。然而從軍事角度來看，將領的專殺權與便宜從事權有其必然性，於是尚方劍就成了節鉞的替代品。

爲什麼節鉞的「重任」落到了劍身上呢？這是歷史的偶然。宋朝之初有帶御器械之職，《宋史．職官志》載：「宋初，選三班以上武幹親信者佩櫜鞬、御劍，或以內臣為之，止名『御帶』。」由此可見，帶御器械者均爲親信內臣，而這一部分人又與帶兵將領高度重疊，於是將領假借禁近之名，實爲軍旅之重而帶御器械出征的情況逐漸增多。在節鉞空缺的情況下，宋朝皇帝以御劍做爲替代，便順理成章了。

由此，尚方劍在兩宋已經完全孕育出了兩張面孔：從文化層面來看，它是朝臣心中借皇帝之威以整頓吏治、嚴明律法的精神寄託；從歷史層面來看，它是將領樹立軍威、便宜從事的實在器物。宋朝還沒有孕育出眞正的尚方劍制度，但已爲尚方劍制度的誕生做好了準備。

## 明亡：曇花一現的尙方劍制度

宋、元易代之後，尙方劍迎來了特別的出場。元朝初年，道教領袖張留孫深得元世祖忽必烈器重，又兼以道法治癒皇后疾病，遂下詔尙方作玉具劍，並刻「大元皇帝賜張上卿佩之」十字。

忽必烈賜予張留孫的玉具劍是名副其實的尙方劍，與張弘範「以劍甲爲請」而後自擇的專殺之劍完全不同。雖然張留孫所持尙方劍與天師的尊貴地位相聯繫，且有隆重的授劍儀式，但這一柄尙方劍僅爲地位象徵而無實權，其制與漢朝賜劍相似，可謂「禮法之劍」，與朱雲所請的尙方劍相去甚遠。

從另一個角度來看，元朝對於將領專殺權的授予相對小心，至元七年（一二七〇年），四川、陝西發生叛亂，朝議中大臣多請皇帝下放專戮之權，依靠重刑以儆效尤。這時，翰林學士、侍御史高鳴上奏云：「制令天下上死囚，必待論報，所以重用刑、惜民生也。今從其請，是開天下擅殺之路，害仁政甚大。」而忽必烈最終沒有授予將領專殺權。結合張弘範「以劍甲爲請」時「帝出武庫劍甲，聽其自擇」的隨意性來論，元朝軍中的尙方劍不能與兩宋時相提並論。

時至元朝，尚方劍雖然已經有了「兵法之劍」、「律法之劍」、「禮法之劍」三重身分，但畢竟沒有眞正建立尚方劍制度。至明朝，尚方劍制度終於成形，但尚方劍的身分並沒有得到眞正的改變。

《明史》中尚方劍始見於「萬曆三大征」之一的寧夏之役。萬曆二十年（一五九二年），寧夏哱拜叛亂，明神宗朱翊鈞採用尚書石星進言，賜予總督陝西、延、寧、甘肅軍務魏學曾尚方劍督戰。魏學曾獲授劍後有惑於招撫之失，朱翊鈞又以甘肅巡撫葉夢熊取代魏學曾，同樣賜予尚方劍。葉夢熊持尚方劍督戰後，很快盡誅拜黨及降二千人，哱拜之子被綁赴京師。自此之後，明廷賜尚方劍之舉便日漸頻繁。

明朝賜劍多與戰爭（尤其是遼東戰事）緊密相連，如李化龍、楊鎬、熊廷弼、袁應泰、孫承宗、馬世龍等受賜尚方劍。崇禎年間，明朝已然風雨飄搖，明思宗朱由檢在內憂外患之中，尤爲重視尚方劍的授予，因此貴州、川陝、遼東等處戰場上，幾乎都有尚方劍的身影。崇禎一朝，賜尚方劍的制度日漸完善，持尚方劍的將領如有升遷之事，還可能引發再賜、三賜之禮，如盧象升竟蒙三賜尚方劍。

然而，尚方劍制度完善的過程也是其瓦解的過程。關於尚方劍的故事，最著名的莫過於袁崇煥斬殺毛文龍之案。崇禎元年（一六二八年），袁崇煥督師薊遼，兼督登、萊、天津軍務，朱由檢賜尚方劍，授予便宜行事之權，並設酒饌以壯其威。至遼東後不久，袁崇煥便因東江總兵毛文龍違令而將其斬首。

袁崇煥斬殺毛文龍是明朝自萬曆年間尚方劍制度確立以降最特殊的案例。正如宋朝尚方劍只能專殺副將以下不用命者，明朝對尚方劍的專殺權也有明確的限制，如《明史．楊嗣昌傳》載：「巡撫不用命，立解其兵柄，簡一監司代之。總兵不用命，立奪其帥印，簡一副將代之。監司、副將以下，悉以尚方劍從事。」《明史．楊鎬傳》同樣寫道：「詔賜鎬尚方劍，得斬總兵以下官。」

可見，明朝尚方劍的專殺權適用於總兵以下，而毛文龍早已是總兵，按詔袁崇煥只能壓其帥印，而無專殺之權。更爲重要的是，毛文龍本身「累加至左都督，掛將軍印，賜尚方劍」，也就是說毛文龍的便宜從事權並不在袁崇煥之下，用尚方劍斬殺擁有尚方劍的將領，顯然已超出尚方劍的授權。袁崇煥斬殺毛文龍與其說是凸顯了尚方劍的權威，不如說是宣告了尚方劍制度的消亡。

而到了崇禎十七年（一六四四年），尚方劍幾乎已徒具形式。面對李自成大順軍的攻勢，東閣大學士李建泰提出以其私人財產充當軍餉，自率軍西進平叛。此時已是明亡前最後一年，重壓之下的朱由檢命李建泰督師山西，加兵部尚書，賜尚方劍，便宜從事。

《明史．李建泰傳》詳細記載了這一次前無古人後無來者的授劍儀式：「帝御正陽門樓，衛士東西列，自午門抵城外，旌旗甲仗甚設。內閣五府六部都察院掌印官及京營文武大臣侍立，鴻臚贊禮，御史糾儀。建泰前致辭，帝獎勞有加，賜之宴。御席居中，諸臣陪侍。酒七行，帝手金卮親酌建泰者三，即以賜之，乃出手敕曰『代朕親征』。宴畢，內臣為披紅簪花，用鼓樂導尚方劍而出。建泰頓首謝，且辭行，帝目送之。」

這次授劍與其說是爲李建泰餞行，不如說是爲明朝祭奠。麾下只有五百人的李建泰持尚方劍「西征」，很快就「家貲盡沒，驚怛而病。日行三十里，士卒多道亡」，明朝的最後一柄尚方劍，連一兵一卒也調不動了。明亡之後，南明朝廷繼續沿用尚方劍制度，然而此時的尚方劍已隨著國家的破敗失去威信。明、清易代之後，清朝未承襲此制，尚方劍制度經過明朝時期的曇花一現後，悄然消失。

尚方劍制度在明朝「集於大成」，但仍有濃厚的節鉞色彩，馬世龍受賜尚方劍時拜行受鉞禮，李建泰受賜尚方劍後邵宗元稱其「仗鉞西征」，均可做爲佐證。由此而言，明朝的尚方劍依然是「兵法之劍」，而非朱雲所請的「律法之劍」。但這種文化層面上的尚方劍依然在明朝臣工的言論中頻頻出現，如劉基〈贈周宗道六十四韻〉有「先封尚方劍，按法誅奸贓」之句，張差梃擊案中，何士晉亦有「借劍尚方，請自臣始」之語。何士晉是萬曆二十六年（一五九八年）進士，其時已距寧夏之役多年，何士晉仍能說出「借劍尚方，請自臣始」八個字，可見魏學曾、葉夢熊所授的尚方劍，並不是其心中所思的尚方劍。

＊

尚方劍自秦、漢始，至宋、元成制，至明朝完善，最終在清朝終結。其千餘年的發展流變中，一直有著「兵法之劍」、「律法之劍」、「禮法之劍」的三重身分，而這三重身分從來沒有融為一體。廣泛而論，尚方劍能代表皇帝權威，有部分專殺或說先斬後奏之權，但這些權力都非常有限，甚至是在尚方劍最為盛行的明朝崇禎年間，御史詹爾選也認為賜尚方劍一事「未蒙皇上大處分，與未賜何異」。與此相對應的是，三授尚方劍的盧象升「示嘗戮一偏裨」，兵部侍郎張鳳翼「以畏法死」，總督蔡復一持尚方劍卻「節制不行於境外」。使用尚方劍尚有如此多掣肘，若想以其「上斬昏君，下斬佞臣」，更是痴人說夢。

小說、戲曲、影視作品中的尚方寶劍，與朱雲以降歷朝臣子詩文、奏章中的尚方劍一樣，從未真正地存在過；而歷史上真正存在的尚方劍，實在是一言難盡。值得一提的是，電影《九品芝麻官之白面包青天》提及主人翁的尚方寶劍為前朝崇禎皇帝所賜，而劇中李公公直言「大清開國以來，從沒聽說過有什麼尚方寶劍」，倒也與歷史相契了。

# 節鉞的面孔
## 君權與軍權的博弈

歷史學家論述三國時期關羽在劉備集團的超然地位時，往往會提到一個細節：劉備稱漢中王時，授張飛、馬超假節，唯獨授關羽假節鉞。節鉞是什麼？如果漢末的諸侯借它來區分武將身分的高低，那是不是能把節鉞當作古代的「軍銜」？如果你帶著這個疑問去查閱古籍，可能會更加迷惑。節在很多場合都出現過，如秦子嬰歸降時「封皇帝璽符節」，蘇武被困匈奴時仗漢節牧羊，唐朝則將大量節賜予手握重兵的節度使，但節似乎每一次出現時都有著不同的功用；而鉞則代表了「專殺不請」的權力。這是不是意味著比眾將多了一個鉞的關羽可以先斬後奏？節和鉞的組合拳又能發揮怎樣的效用呢？

做爲歷史悠久的文明古國，中國很多法律器物背後都隱藏著源遠流長的典故逸事。這些故事相互勾連、彼此呼應，往往能組成一道通向未來的漫長階梯，讓幾千年後的人們依然能夠透過種種碎片與斷層品味最古樸的文化傳承。當人們看到法院門前雕刻的獬豸時，會想到先秦時期曇花一現的神判；當人們看到法官庭審中高高舉起的法槌時，會想到曾經「官威」十足的驚堂木；甚至當人們受到冤屈時，還會情不自禁地說要「擊鼓鳴冤」，儘管「鼓」早在民國時期就已退出歷史舞臺……

然而將視線放到節上，會發現它似乎有好幾張不同的面孔：秦末劉邦兵不血刃下咸陽，秦子嬰歸降時「素車白馬，係頸以組，封皇帝璽符節，降軹道旁」，在此節似乎與玉璽一樣，是王朝皇權的象徵；漢武帝時，蘇武以中郎將持節出使匈奴，被拘於北海邊牧羊，持節十餘年不屈以明其志，在此節似乎是外交的憑證，代表著蘇武這位外交官最後的信念；唐朝設節度使並賜之以旌節，後以安祿山爲代表的諸節度使日漸坐大以至於釀成藩鎮之亂，在此節似乎又成了封疆大吏號令軍隊進而割宰天下的利器……

節究竟是什麼？蘇鶚所著《蘇氏演義》有「操也，瑞信也。謂持節必盡人臣之節操耳」的解釋，然而從阿房宮內的末代皇帝到獨霸一方的節度使，節又何以在不同的人手中呈現出如此豐富而迴異的內涵？是節的功能原本複雜，還是它在歷史的變遷中被賦予了不同的含義？答案是兩者兼而有之。節本身是個內涵非常豐富的器物，同時自三代以降經歷秦、漢、隋、唐，節在不同的王朝扮演不同的角色。這些不同的角色讓節的歷史變得生動，同時爲後世留下了眾多精彩且各富特色的典故。

## 先秦之節：功能齊備的文書

節的歷史，至少能夠回溯至西周時期。最早關於節的文獻紀錄見於《尚書．康誥》的「惟厥正人越小臣諸節」一句，其注曰：「諸有符節之臣，若為官行文書而有符，今之印章者也。」按這一解釋，節爲官員行文時使用的符，相當於印章。

事實上，周節的作用遠不止於印章，《周禮．地官司徒》有對節形制、用途的詳盡分類：「守邦國者用玉節，守都鄙者用角節。凡邦國之使節，山國用虎節，土國用人節，澤國用龍節，皆金也，以英蕩輔之。門關用符節，貨賄用璽節，道路用旌節，皆有期以反節。凡通達於天下者，必有節，以傳輔之。無節者，有幾則不達。」與此相應，《周禮注疏》有言：「達天下之六節：山國用虎節，土國用人節，澤國用龍節，皆以金為之；道路用旌節，門關用符節，都鄙用管節，皆以竹為之。」

從上述文字可以看出，節是指諸侯、采邑主所派使者所用的身分憑證，在諸侯國內或采邑內通行的使者分別使用玉製的節和角製的節。由諸侯派遣晉見天子的使者，則以本國地理特徵分別使用虎形節、人形節和龍形節，蓋因山地多虎、平原多人、水國多龍。虎節、人節和龍節統稱使節，均爲銅製——春秋戰國前稱銅爲金，「皆金也」即「皆銅也」。

此外，出入城門和關門用符節，運輸貨物用璽節，通行道路用旌節，相對於玉節、角節和使節，這三種節的實用性更強。周朝對以上六種節都規定了有效日期以便按期返還，在周朝，通行天下必須持有節，否則將無法通過檢查。

以上諸節或囿於材質品質，或囿於勘合目的，均不會太大，否則不便於攜帶；唯有旌節形制較爲特殊。《說文解字》釋其「析羽注旄首，所以精進士卒」，《爾雅．釋天》釋爲「注旄首曰旌」，郭璞又注曰「載旄於竿頭，如今之幢，亦有旒」，可知旌爲竿頭有旄的旗狀物，做爲道路通行證，旌節的形制高大，比較引人注目。這一形制與日後蘇武出使匈奴時所持之節相似，可見自周至漢，使節之禮已經有了相應變化。

周節種類繁多，自然需要相應的官員進行管理、分發。《周禮．地官司徒》有掌節一職，屬於地官司徒之下，其職責爲「掌守邦節而辨其用，以輔王命」；王畿內另有發

「亞啟」青銅鉞（中國國家博物館館藏）

放旌節的官員懷方氏，依《周禮．夏官司馬》記載：「懷方氏掌來遠方之民，致方貢，致遠物，則送逆之，達之以節。治其委積、館舍、飲食。」

掌節所掌守的邦節，鄭玄在注中有進一步的解釋：「邦節者，珍圭、牙璋、穀圭、琬圭、琰圭也。王有命，則別其節之用，以授使者。輔王命者，執以行為信。」這裡不僅明確了邦節的意義在於「輔王命者」執行上意的信物，同時列舉了邦節的材質與形制。成書於唐朝《蘇氏演義》曾引用鄭玄的另一段解釋，詳盡敘述這五種邦節的區別，並將其歸類：

「鄭玄云：邦節者有五種，用之鎮圭以鎮守邦國。牙璋以起軍旅。牙，齒也，是兵之象。穀圭則用和歡聘女也，上飾禾稼之象。琬圭無鋒角，象文德也，以治德結好用之。剡圭有鋒芒，象傷害征伐誅討也。諸侯使大夫來聘，執以命事，故使為瑞節。凡天子諸侯之使節，尺有二寸，有金節、玉節。玉節為瑞節，行事之時所持以徵召四方者也。金節者，道路所持以為信也。人、龍、虎三節，皆以金鑄之。使卿大夫聘於諸侯，則乃為行道所執之信，則非行事之時瑞節也。故鄭玄云：鎮圭、玉節、琬圭之徒，但云使者之瑞節，鎮圭、琬圭之屬是也。二者使節，龍虎人形是也。三者符節，旌節、管節是也。夫云道路用旌節，關門用符節，都鄙用管節，皆以竹為之。商由市者，即司市者與符節。古者買符之關，終軍棄，皆節之類也。」

總體而言，周節用途多樣且呈現出制度化的傾向，不同的節分別包含君權、外交與行政審查傾向。不過，三代時期各諸侯國獨立性較強，君權尚未能與秦後相比，使節一類更多帶有象徵意義，用於道路、關門、都鄙、貨賄的竹節反而更具實用意義，這種功能上的區別，也爲日後節的演變埋下了伏筆。

## 漢晉之節：日漸衰微的君權

節的演進史在秦朝統一後發生了明顯的轉折。秦朝是中國歷史上第一個官方使用「五德終始說」的王朝，因正水德，水尙黑色，故《史記．秦始皇本紀》記載秦朝「衣服旄旌節旗皆上黑」。

透過多方史料可以看出，節在秦後已失去周朝時尙具備的行政審查功能，轉而特指周節中的旌節。鄭玄《周禮．地官司徒》對「道路用旌節」所做的注釋爲「今使者所擁節是也」，顯然已經明確漢節即周朝的旌節。唐張守節《史記正義》云：「旄節者，編毛為之，以象竹節。」可見從形制來看，秦、漢的節保留了旌節的特徵：竹竿狀、竿上配旄，且有多個旄節。

周節的旌節在秦後「一家獨大」，富有鮮明地域特色的虎、人、龍三節，就此消失在歲月長河中，而符節、璽節、管節等器物則互相融入了符、傳、綮、繻、過所等諸多形式，繼續發揮相應的效用。西漢出入關口所用者已爲傳而非節，如《漢書．文帝紀》的「除關無用傳」，《史記．酷吏傳》的「詐刻傳出關歸家」等便是相關記載。從傳的使用方式來看，與節亦有繼承的可能。至晚在戰國時期，已經出現了透過「合節」判定節眞僞的方法，如南唐徐鍇《說文解字繫傳》言：「守國者，其節半在內，半在外。」而傳的形制亦如此，《漢書．文帝紀》同有「兩行書繒帛，分持其一，出入關，合之乃得過」的描述。

透過「合節」發揮功用的還有一種重要器物：兵符。春秋戰國時期，兵符做爲徵調兵將的憑證出現，其形如虎，又被稱爲虎符。兵符於脊上刻字後剖爲兩部分，使用時需左右合契。兵符雖然直接與軍權相關，但其基礎依然是君權，這一點與節有相通之處：戰國時期的將軍平時無調兵權，接到君王授權並取得兵符才能調動軍隊，是故兵符相當於君主親臨。秦子嬰歸降時向劉邦遞交了璽、符、節三器，可以看出秦朝時三者功能不同但地位相當，而之後的發展中，兵符與節的功能又有交錯、融合之處。

下面將視線轉回秦節。秦正水德，所以秦節的旄亦爲黑色。漢朝德運幾經轉換，漢節的形制出現了相對曲折的變化。劉邦斬白蛇起義時自稱赤帝之子，其節自然爲赤色；征和二年（西元前九一年）發生巫蠱之禍，因太子劉據調兵時所持之節爲赤色，漢武帝劉徹便在節上加黃旄以示區別。這一段歷史記載於《漢書．武帝紀》：「初，漢節純赤，以太子持赤節，故更為黃旄加上以相別。」

漢朝建立後，朝廷對漢朝是正火德還是土德一直爭論不休，也投射到漢節的形制之變上。漢廢帝劉賀當政期間，將黃旄撤去；漢宣帝劉詢即位後恢復爲赤色，一直延續至東漢末年。董卓之亂時，袁紹奔逃冀州，離開洛陽前「橫刀長揖徑出，懸節於上東門」，董卓一怒之下，再次將黃旄恢復爲赤色，於是漢節又變成「純赤」的形制。

秦、漢以降，節成了皇權的直接代表，故皇帝授節與官員持節的互動就成爲朝廷重要的治理手段。兩漢之世，持節官員主要出現在重大政治事件、重大禮儀活動及邦交國事活動中，漢武帝之後甚至出現身穿繡衣、手持節杖和虎符的「祕密員警組織」——繡衣御史。君權愈集中、愈強大的時代，節代表的權力愈多，地位就愈重要。諸呂之亂中，周勃透過「矯詔持節」調兵，蘇武出使匈奴寧死不肯失節，這些都是節的重要性體現。

由此發展的最終結果，就是東漢末年的將軍假節。兩漢時期雖然沒有明確的授節制度，但除了車騎將軍王舜等人持節迎中山王、東漢光武帝在戰時拜岑彭爲刺奸大將軍並授節，以及大將軍梁冀持節迎質、桓二帝入宮的個例，將軍是不得持節的。黃巾之亂後，軍事形勢日益嚴峻，爲提升將軍統兵作戰時的地位，出現了富有「時代精神」的將軍假節。假者，「權以給之，不常與」，意爲本沒有資格，暫且給其資格，故假節的書面意義是暫時持節。

將軍假節多與開府、儀同三司相聯繫，開府意味著可以建立府署並自選僚屬，而儀同三司則使將軍擁有了與三公同等的待遇。東漢末年國勢動盪，持假節的將軍漸漸掌握了統率地方州郡軍隊的權力——「暫時持節」的假節比持節還重要，這自然是軍權漸散背景下的時代特色，而節的功能也在這一趨勢中與兵符有了重疊。

## 隋唐之節：兵符與節的終結

東漢末年將軍假節的出現，至少在權力層面重新定義了節。秦末，節與符尚有嚴格區分，除秦子嬰分別遞交節與符外，諸如《漢書．韓信傳》中「張耳、韓信未起，即其臥奪其印符，麾召諸將易置之」的記述也體現了軍權在符而不在節的制度設定。當將軍假節的情形出現後，軍權很大程度上被整合進了節。如曹操拜曹仁為征南大將軍時、劉備拜張飛為右將軍時、孫權拜丁奉為徐州牧時，均授以假節。

假節雖然意為暫時持節，但在官員及史學家眼中，持節、假節、使持節等稱謂已然可以通用。不過，三國時代卻有假節與假節鉞的區分：劉備稱漢中王時，授張飛、馬超假節，唯獨授關羽假節鉞，這一方面體現了關羽在劉備集團中舉足輕重的地位，另一方面也體現了假節鉞重於假節。曹魏的夏侯尚、王淩在升遷中均是先假節後假節鉞，更能體現這一等級進路。那麼，鉞又做何解釋呢？

《禮記》云「賜鈇鉞然後殺」，《後漢書》引《淮南子》云「凡命將，主親授鉞，曰：『從此上至天，將軍制之』」，同時有「鉞，斧也，以黃金飾之，所以戮人」之句。可以看出鉞事實上是專殺權的象徵。相比於軍政，鉞更常用於司法程序中，如淮南王劉安謀反失敗後，漢武帝劉徹派呂步舒治獄，正是透過授鉞賦予其「專殺不請」的權力，也就是先斬後奏。由此可知，三國時期君主授予部分將領假節鉞，並不僅是榮譽。

西晉之後，假節、假節鉞兩級漸漸過渡爲假黃鉞、使持節、持節、假節四級，且權力明確制度化。《宋書》有明確記載：「使持節為上，持節次之，假節為下。使持節得殺二千石以下；持節殺無官位人，若軍事得與使持節同；假節唯軍事得殺犯軍令者」，而「假黃鉞，則專戮節將，非人臣常器矣」。

綜合而論，東漢之後的節與傳統漢節的不同之處在於與軍權的緊密聯繫，背後自然是皇權的弱化；當中央集權再次加強時，節自然也與軍權漸漸脫鉤。南北朝時期，南朝宋孝武帝劉駿連續下詔對節的權力進行節制，而北朝北魏的加節官員本身就沒有發兵權，其徵調兵將的憑證是璽印、傳符、齊庫刀等——似乎又回到了秦朝璽、節、符各司其職的制度構建。

隋朝統一後，分裂動盪數百年的中原終於再度一統，強大的朝廷使得將軍假節失去了意義。隋朝諸州的總管刺史雖仍使持節、持節，但已有名無實。這一時期眞正與軍權相關的是開皇七年（五八七年）所頒的青龍、騶虞、朱雀、玄武四符與開皇九年（五八九年）所頒的木魚符。唐朝建立後，唐高祖李淵在邊地設置總管，加號使持節，這一職務相當於東漢的刺史；武德元年（六一八年），又改郡爲州，改太守爲刺史，加號持節。後來使持節演變爲使持節諸軍事，但事實上已經沒有節的實物，轉而頒銅魚符。

雖然節在隋、唐時期從實際層面已漸漸淡出，但觀念層面依然深入人心，使持節這一稱號上的「加法」依然存續下去。景雲元年（七一〇年），幽州鎭守經略節度大使薛訥爲左武衛大將軍兼幽州都督，節度使之名漸爲人所慣用；次年，賀拔延嗣爲涼州都督充河西節度使，節度使更成爲正式官職——雖然此時的持節已經完全是一種榮譽稱號。

從秦、漢至隋、唐的發展歷程可以看出，中央集權程度高時，節的功能收縮，而軍權往往透過獨立於節的兵符體現；中央集權程度低時，地方將領往往集軍政大權於一身，使得節能夠有更大的外延。隋、唐初，朝廷強勢，以府兵制爲主，軍權高度集中於皇帝，將軍需透過皇帝授予兵符調動府兵，兵符的重要性不言而喻。至中唐以後，朝政傾頹，府兵制過渡爲募兵制，手握軍權的節度使日益坐大，不奉朝命，兵符就形同虛設。

恰恰在這一時期，各地封疆大吏以節度使爲名，與三國時期的將軍假節又形成歷史性的偶合。

當然，此時對於節度使來說，無論是節還是兵符，都已然不值一提。唐末皇帝封節度使時賜雙旌雙節，與其說是授權，倒不如說是對既成事實無奈的追認……

*

從周節到漢節再到唐節，節的內涵發生了極大的變化，使得節在不同人手中得以呈現出完全不同的面孔。周朝的節更近於一類功能齊備的文書憑證；秦朝、西漢的節開始單一化，成爲君權的象徵；東漢、三國、兩晉時期，節因軍閥勢力的興起而融入了軍權；南北朝至隋、唐初，節又因中央集權的強盛而更具象徵意義；直到唐末在節度使手中日益弱化。而最具諷刺意味的莫過於後周歸德軍節度使趙匡胤稱帝之後，中央集權制度日趨完善，無論是節還是兵符均不再具有實際意義，從某種意義上來說，節的歷史正終結於節度使手中……

隨著歲月的流逝，節最終透過文化爲後世所傳承，晚清的外交公使行使職權，尚以持節論之，這不禁讓人聯想到西漢時在貝加爾湖畔牧羊十餘年的蘇武。當然，對歷史上的節來說，外交只是它眾多功能中並不那麼重要的一項內容罷了。

特展 二

# 廟堂的符號

# 當年笏滿床
## 一枚禮器的三個側影

「陋室空堂，當年笏滿床；衰草枯楊，曾為歌舞場……」《紅樓夢》迷一定都會對甄士隱的這篇〈好了歌注〉印象深刻。用歌舞場比喻「花柳繁華地，富貴溫柔鄉」好理解，但這個「笏」是什麼，又為何能成為官職的代名詞呢？其實「笏」就是大臣上殿面聖時所持的那一長條朝板，周朝時官員用這個記錄君主的命令，所以「笏」最早就是一個材質堅硬的記事本——三代時期官員議事時，居然人手一臺「平板電腦」，這樣一幅景象是不是很有穿越感？隨著時間的流逝，這個記事本漸漸成為官員的象徵，尋常百姓自然無緣一見。散文名篇〈項脊軒志〉中，歸有光的祖母就是用她祖父的象笏來勸學，為歸有光做「心理建設」：「他日，汝當用之！」

《王守仁畫像》手持笏板（中國國家博物館館藏）

〈項脊軒志〉中，有個勸學的著名段落。

「（大母）自語曰：『吾家讀書久不效，兒之成，則可待乎？』頃之，持一象笏至，曰：『此吾祖太常公宣德間執此以朝，他日，汝當用之！』」其文大意：「（祖母）自言自語地說：『我們家的人讀書老不見成效，這個孩子的功成名就，總可以期待了吧？』過了一會兒，她拿著一個象牙手板進來，說：『這是我的祖父太常公在宣德年間拿著上朝用的，以後你一定會用到它。』」

〈項脊軒志〉是歸有光的散文名篇，整體風格質樸平淡，字裡行間卻將作者對祖母、母親、妻子的思念展現得淋漓盡致。「頃之」一句所描述的，便是歸有光的祖母借祖上所用的象笏，激勵歸有光苦讀以博取功名的場景。隋朝確立科舉取士制度之後，古代讀書人的功業與學業便捆綁在一起，歸有光的祖母借祖上的功名勸學，自然不足爲奇。不過，祖母所持的象笏卻容易引人遐想——這個象牙手板是何物，爲何竟能指代仕途？歸有光仕途晚達，年過六旬方升爲南京太僕寺寺丞，他能夠如其祖上一樣，手持象笏入朝嗎？

這兩個問題並不好回答，因爲它們背後隱藏著笏數千年發展史的三個側影。

# 廟堂裡的朝位班序

歸有光祖母所持的笏，又稱笏板、手板、玉板或朝板，寬泛而言，是朝臣上殿面見君主時所持的器具。《釋名》對笏的解釋如下：「笏，忽也。君有教命，及所啟白，則書其上，備忽忘也。」從中不難看出，笏事實上是一種古老的「備忘錄」。《禮記．玉藻》對這種「備忘錄」的用法和形制均有詳細記錄：「凡有指畫於君前，用笏。造受命於君前，則書於笏……笏度二尺有六寸，其中博三寸……」此處的「尺」爲「周尺」，一尺約合一九．七公分，因此周朝時期的笏長約五十一公分、中間寬約六公分，的確是便於記事的尺寸。

笏的起源已不可考。《史記．夏本紀》引鄭玄注云：「曶者，臣見君所秉，書思對命者也。君亦有焉，以出內政教於五官。」這裡的「曶」通「笏」。史學家多認爲笏至少在商朝就已出現，這一推論尚無確實的考古依據，但在紙張尚未問世的歲月，很難想像除了笏，君臣議政時還會有其他未被史書記載的記事工具。

至周朝時，關於笏的禮制已逐漸成形。比如，周朝要求諸侯上朝需執牙笏，還規定了不同等級者需攜帶不同材質的笏，《禮記．玉藻》云：「天子以球玉，諸侯以象，大夫以魚須文竹，士竹本象可也。」從其中可以看出，至少從周朝開始，笏便具有區分等級的功用，不同材質體現持笏者不同的身分地位。

兩漢時期，造紙工藝不斷改進，笏做爲記事工具的功用受到極大衝擊。然而，從周朝到秦、漢，近千年的歷史已經讓官員習慣了笏的存在，於是笏反而在記事工具革新的衝擊中煥發新生，剝離了「書其上，備忽忘」的原始功用，轉而成爲單純的「朝位班序」的象徵。

從《唐會要．輿服志》記載可以看出笏的生命力：「五品已上執象牙笏，已下執竹木笏。舊制，三品已下，前挫後直；五品已上，前挫後屈。武德以來，一例上圓下方。」五品官銜從此成爲笏材質的分界線。自唐以降，官員朝服開始依品級區分不同顏色，大體爲三品官以上服紫色，四品官、五品官服緋色，六品官、七品官服綠色，八品官、九品官服碧色。這一傳統由兩宋所承襲，而官員所持之笏與朝服顏色相對應，服緋色公服者用象牙爲笏，服綠色公服者用槐木爲笏。唐、宋兩朝，官員出席重要場合均需攜帶笏，以便於禮官安排相應的位次及相互辨認。從周至宋已過去二千餘年，「諸侯以象，大夫以魚須文竹」的傳統在王朝的更迭中不僅未見消退，反而愈見精細。

明朝承襲唐、宋禮制的基礎上，進一步對持笏之禮進行了細節性修改，只有四品以上官員方有資格使用象牙笏，五品以下則統一用木笏。唐朝以五品爲界的傳統在此上調至四品，背後或許有象牙愈加珍貴的現實。由此歸有光是否有資格手持象笏入朝的問題得到了解決：明代各寺寺丞爲正六品，做爲南京太僕寺寺丞的歸有光恐怕只能用五品以下官員所用的木笏了。

清代沒有保留官員持笏面君的禮制，笏做爲朝堂禮儀用具從此消失於歷史之中。不過，以笏代指官員、仕途的文化傳統卻保留下來，滿床疊笏、一門百笏等成語依然流傳於世，爲後人記錄著笏這一器物曾經的輝煌。

## 法壇上的朝禮尊神

回顧二十五朝歲月，關於笏的歷史卻只說了一半。中國歷史上，笏不僅曾在廟堂中流轉於公卿掌間，更在道教中走上法壇，成爲道士仙家手中的常見法器。

與歸有光祖母的笏不同，道教的笏又稱圭簡、朝簡、朝板、奏板等，道士朝拜時往往兩手恭執，以表示對神靈的尊敬。似乎令人費解：本應優哉游哉的道家人士，爲何會鍾情於笏這種具備濃厚世俗色彩的器物？這個問題背後隱藏著整個道教發展史。

早期道教並沒有持笏之禮，道教的笏也的確源於廟堂。做爲典型的多神教，道教在最初並不具備「陣容豪華」的神仙譜系。《太平經》以抽象方式將道家神靈分爲六等，所謂「神人主天，真人主地，仙人主風雨，道人主教化吉凶，聖人主治百姓，賢人輔助聖人，理萬民錄也，給助六合之不足也」。《老子想爾注》則延續老子「道常無名」的觀點。然而南北朝時期，道教的發展出現重大轉折，著名方士陶弘景編製了道教史上第一份神譜《眞靈位業圖》，將當時流傳的五百多名天神、地祇、仙眞、人鬼等根據世俗「朝位班序」分成尊卑不同的七階，以元始天尊、玄皇大道君、太極金闕帝君、太上老君等爲各階主神。

《眞靈位業圖》凸顯了打壓天師道的傾向，並未被後世道家完全沿用，但其中「朝位班序」的概念卻爲後世承襲並發揚光大。兩宋以降，廟堂之路不乏「道君皇帝」，奉旨「編排三界聖位」的官員更大有人在，至南宋時期，金允中撰著《上淸靈寶大法》四十五卷，列三百六十分位神仙名單，按其性質、品第分爲十一品，道教神仙譜系最終形成。

道教神仙譜系的制定離不開廟堂之力，而做爲「朝位班序」象徵的笏被道教所接受就不足爲奇了。但道教文獻並未對笏的材質進行明確規定，唯玉笏多爲神靈所用。道士持笏之禮與朝臣持笏相同，均是兩手握持笏板下沿，置於胸前，而令兩肘自然垂下——

官員如此自然是以示對君主的尊重，以彰顯龍威；道士如此則能預防口中穢氣沖犯香爐煙氣，以免冒犯天顏。同時，雙手持笏也可以規範道士儀態，讓道眾在朝禮尊神時，維持虔敬之心。

除了做爲禮器，笏也演化成爲道教常見的法器。有些道士會在笏上刻符籙咒語、北斗七星等符號作法，這些笏與桃木劍、如意、天蓬尺等法器一樣，成爲古人驅邪厭勝的利器。當然，笏不僅被凡間的道士所用，仙班之中也不乏神靈持笏，最著名的莫過於曹國舅和鍾馗。

曹國舅本是宋仁宗趙禎的大國舅，由鍾離權、呂洞賓共同度化成仙，出身於皇親國戚的曹國舅成仙後，依然身著冠袍玉帶、手持玉笏；而鍾馗在民間傳說中「獲貢士首狀元不及」，其執笏迎福的形象，到底還是與廟堂有幾分瓜葛。

## 書本中的逸聞趣事

如果說廟堂與法壇分別呈現出笏在發展中的兩個側影，在文化層面，更多的逸聞趣事呈現出笏的第三個側影。

中國古代四大名著均或直接或間接地出現了笏的身影。《紅樓夢》第一回，甄士隱所作〈好了歌注〉首句便是「陋室空堂，當年笏滿床」。「當年笏滿床」取典於《舊唐書．崔義元傳》：「開元中，神慶子琳等皆至大官，群從數十人，趨奏省闥。每歲時家宴，組佩輝映，以一榻置笏，重疊於其上。」曹雪芹借此明喻賈、王、史、薛四大家族的鼎盛與衰敗，笏與詩中的紗帽、紫蟒一道成了官位仕途的代名詞。跳出《紅樓夢》的內容，《紅樓夢》批評家除脂硯齋外，便是畸笏叟——這三個字讓人懷疑其是不是明朝遺臣，故而在清朝以「畸笏」自嘲。

《水滸傳》和《西遊記》的笏則有著濃濃的宗教色彩。《水滸傳》第四十二回「還道村受三卷天書　宋公明遇九天玄女」中，宋江抬頭舒眼望見九天玄女，玄女兩旁的青衣女童便是「持笏捧圭」。《西遊記》中，酆都判官崔珪、昴日星官、地府的各陰君均持笏。兩書背後的道教傳統，不言而喻。

《三國演義》沒有出現笏，但曹操受九錫中出現了圭。對於圭，《說文解字》記：「剡上為圭，半圭為璋。」圭是一種上部尖銳下端平直的片狀玉器，始見於商而盛行於周，是朝覲時標明等級身分的重要器物。圭的功用與笏完全吻合，形制也相似，故在後世圭與玉笏經常混淆。帝王所用玉笏應爲珽，《說文解字》有釋：「珽，大圭，長三尺。」《禮記．玉藻》亦有言：「天子搢珽，方正於天下也。」《禮記正義》注曰：「此亦笏也。謂之珽，珽之言珽然無所屈也。或謂之大圭……」故而珽、大圭、玉笏可視爲同一器物，如此說來，四大名著中可謂書書有笏了。

雖然有帝王所用的玉笏，但寬泛而言，笏依然是朝臣面君時所持的禮器，其中所包含的不是南面而王，而是爲人臣子之意。三國鍾會〈與吳主書〉有「執笏之心，載在名策」之語，執笏便是稱臣之意。

然而，中國譯者翻譯西方文學作品時，笏往往成爲君權的象徵。比如拜倫《海盜生涯》中譯本有一句：「量一量我們的版圖，看一看我們的家鄉，這全是我們的帝國，它的權力到處通行，我們的旗幟就是王笏，誰碰到都得服從。（Survey our empire, and behold our home! These are our realms, no limits to their sway—Our flag the sceptre all who meet obey.）」又如已被廢除的正義王笏座（Sceptrum et Manus Iustitiae）和勃蘭登王笏座（Sceptrum Brandenburgicum）。其中的「sceptre」和「sceptrum」更宜譯爲「權杖」，也可譯爲相對古韻的「珽」，而「王笏」一詞則沒有出處。

更爲出名的例子見於吳永泉譯《回憶蘇格拉底》（色諾芬著），其中有一句蘇格拉底評價雅典政權的名言：「君王和統治者並不是那些擁大權、執王笏的人，也不是那些由群眾選舉出來的人，也不是那些中了籤的人，也不是那些用暴力或者憑欺騙手法取得政權的人，而是那些懂得統治的人。」同樣，此處王笏的「眞正面貌」也是斑。

這些譯文所體現的或許正是笏字在不同歷史語境下文化內涵的演變。當鍾會寫出「執笏之心」時，笏無疑是臣子的代名詞；而當吳永泉使用「王笏」一詞時，笏背後又添了君王的尊貴。其中的文化演變是不是因爲笏於清朝建立後消失，以至於後人對其印象日漸模糊呢？

*

從廟堂到法壇再到書本，從歷史到宗教再到文化，笏的面孔事實上從未改變。笏是中國古代官員身分等級的重要標誌，其材質透過歷代王朝的律法加以明確。笏最終隕落於清朝，從歷史的視角來看，曹雪芹寫的「當年笏滿床」正是笏本身發展史的縮影。

道教的笏、古典文學名著的笏、西方譯著的笏，無論其含義有著多大程度上的變形，其背後依然隱隱有廟堂「朝位班序」的意味。雖然世間可能不再有「持一象笏至」的祖母，但「則可待乎」的功名故事永遠不會完結。

## 延伸閱讀

《紅樓夢》最重要的評點者有兩位：一是大名鼎鼎的脂硯齋，其批語在紅學界被稱為「脂評」或「脂批」；另一就是畸笏叟。與脂硯齋一樣，畸笏叟的身世成謎，但不少紅學家認為其應為明朝遺臣，批點《紅樓夢》時已是清朝官員，其原因便在於「畸」與「笏」二字有著幾近於直白的指向性。

# 官帽的潮流
## 冠冕、襆頭與烏紗帽

中國民俗裡，有兩頂特別的帽子：一頂是不能戴的「綠帽子」，另一頂是不好戴的「烏紗帽」。「綠帽子」的來歷眾說紛紜，但「烏紗帽」的淵源卻非常清晰，因為古時的官帽的確是這種樣式。中國自古號稱「衣冠上國」，依周制男子二十歲行冠禮，冠禮就是成年禮，佩冠意味著成為被社會認可的成年人，用現在的法律用語來講，就是「完全行為能力人」。民間如此，朝廷對官帽的規定自然更加嚴格，不同款式的官帽對應不同的等級，是萬萬不能僭越的。用官帽代指官職順理成章，但烏紗帽畢竟是明朝才真正成為「官方標配」，在這之前，官員們都戴什麼帽子呢？「烏紗帽」又是怎樣突出重圍，成為廟堂「流行色」？

中國有句俗諺：「穿衣戴帽，各有一好。」用來形容人各有各的喜好與追求。不過在古代，戴帽從來都不是一件輕鬆的事。正如《禮記．冠義》所說：「故曰『冠者禮之始也』，是故古者聖王重冠。」帽子幾乎誕生之始就成了服飾禮制的重要組成部分，其形制自然與社會習俗和身分等級掛鉤，絕由不得人隨意穿戴。這似乎不難理解，若非如此，烏紗帽又怎會成爲官員的代稱呢？

不過相比於傳承千年的官制，烏紗帽還顯得非常年輕——在它之前，承載著相關文化內涵的是冠。《禮記．王制》中，「冠禮」爲六禮之始。所謂「男子二十，冠而字」，意爲男性到了二十歲，就應當舉行「冠禮」並取字，以表示其人已經成年，要開始擔負起新的社會責任。以「冠禮」爲成人禮有著深刻的文化寓意。西漢劉向《說苑》寫道：「冠者，所以別成人也。修德束躬，以自申飭，所以檢其邪心，守其正意也。君子始冠必祝，成禮加冠，以屬其心，故君子成人必冠帶以行事，棄幼少嬉戲惰慢之心。」《淮南子．人間訓》有言：「冠履之於人也，寒不能暖，風不能障，暴不能蔽也，然而冠冠履履者，其所自托者然也。」一頂「寒不能暖，風不能障，暴不能蔽」的帽子，卻被時人賦予「檢其邪心，守其正意」的內涵，由此可以看出在傳統中華文化中，帽子的社會意義早已超出其實用功能，成爲身分地位乃至道德精神的指代物。

既然帽子在傳統視野下背負著如此嚴肅的議題，自秦、漢以降，歷代王朝在禮儀典制方面均對戴帽一事進行詳細規定，便不足爲奇了。尊卑不同者所戴的帽子自然不同，憑自己喜歡胡亂穿戴的行爲很可能觸犯刑律。

《漢書》記載了一則故事：「**昭帝時，昌邑王賀遣中大夫之長安，多治仄注冠，以賜大臣，又以冠奴。**」講到昌邑王劉賀賜給其奴僕以仄注冠。仄注冠即法冠，依漢制爲御史、遷尉所戴，這位昌邑王「以冠奴」的行爲自然有違朝廷禮制，被評爲「無故好作非常之冠，暴尊象也」。這位昌邑王劉賀就是大名鼎鼎的漢廢帝、海昏侯，歷史上在位時間最短的皇帝，最後淒涼死去。雖然其下場未必與其「作非常之冠」的「暴行」有關，但《漢書》的評價卻能清晰地表現出戴帽一事在漢朝人心中多麼嚴肅。

漢朝官員的輿服大多以「冠」爲名，官員的代名詞爲什麼會漸漸演化成烏紗帽呢？這背後的故事非常漫長。幾千年來，名稱不同、形制各異的帽子，不僅體現著不同時代的編織技藝與製造水準，更形象地反映了不同朝代的法律制度。

# 從冠冕到黎民

「冠禮」與劉賀冠奴的典故所指均爲冠，帽子的外延遠不止於此，只是名目繁多，且不同朝代稱呼多有不同，很難透過名稱對其進行梳理。如唐朝虞世南《北堂書鈔》衣冠部收錄冠、冕、弁、幘、纓、簪、貂、巾、帽九類，而宋朝高承所編《事物紀原》所記已有冠、冕、弁、簪、纓、幘、通天、貂蟬、長冠、高山、法冠、進賢、襆頭、帽、席帽、大帽、帷帽、頭巾、幅巾等近二十種。清朝方以智《通雅．衣服》言明：「古分冕、弁、冠，然亦通稱。猶漢、晉來分幘、巾、帽，而亦通稱也。」從中不難看出帽子「家族」的豐富與混亂。

梳理古代帽子的歷史時，不妨依其形制，分爲冠、帽／巾兩種。冠最爲華麗，以質地堅硬的材料製成，其形制繫纓貫笄，多用於禮服，爲修飾儀表、標誌官職之用。帽與巾相似，前者多以經過處理的布帛等柔軟材質製成，可扣戴遮覆，多用於公服和便服；後者則更爲隨意，用於紮束韜髮，多與便服相配。

以上區分已能解釋最常見於史書的帽子爲何是冠：做爲身分地位的象徵，冠多爲上層社會所使用，中國古代史書以上層社會爲主體，冠的身影自然更爲常見。自周而降，漢人一向以冠、冕爲貴，東漢永平二年（五九年），漢明帝劉莊下詔依《周官》、《禮記》、《尚書》等典籍制定輿服，其中朝服配帽分十種，分別爲通天冠、遠遊冠、高山冠、進賢冠、法冠、武冠、卻非冠、卻敵冠、樊噲冠、術氏冠，均爲冠。由此，「冠」與「冠冕」成爲士大夫階層及其中佼佼者的代稱，如《史記．項羽本紀》言楚人「沐猴而冠」，雖爲貶義，但正扣「冠」字之華貴；而《三國志．龐統傳》中，龐統被司馬徽稱爲「南州士之冠冕」，以示其才高。

當然，相對於冠、冕，帽有著更爲悠久的歷史。「帽」者，「冒」也。從聲訓的角度來看，「帽」是古人以紗帛「冒」其首的自然延伸。《儀禮注疏》有「三皇時冒覆頭……至黃帝則有冕」之句，更直接地點明了帽應

當古老於冠。不過直到三國、兩晉時期，帽尚被廣泛稱呼為「帢」或「帞」，東晉之後「帽」這一稱呼才被廣泛接受。由宋至明，帽與巾的區分並不明顯，如趙彥衛《雲麓漫鈔》記載南宋由帽而巾、帽巾相混的風俗：「宣政之間，人君始巾……當時只謂之『溫公帽』、『伊川帽』，亦未有巾之名。」

大體而言，帽經過一定手法的裁剪，而巾則直接紮繫在頭部即可。當然，平民多在髮髻上裹巾，唯貴族階層方能戴冠，從社會層面來看，巾的「草根色彩」顯得十分濃厚。先秦時期士卒裹青巾，故被稱為「青頭」；

《甲申十同年圖》局部（北京・故宮博物院館藏）

百姓多裹黑巾，故被稱爲「黔首」；甚至「黎民」的「黎」也是指黑色，冠冕與巾的分野，貴族與百姓的分野，已然重合。

## 從幅巾到襆頭

如果說直到魏晉時期，冠冕還是貴族的代名詞，而巾則代表某種程度的離經叛道，烏紗帽又是如何登上歷史舞臺，成爲官員的標誌呢？這要從襆頭開始說起。

襆頭是一種包裹頭部的紗羅軟巾，從其形制來看，當歸於巾類。巾的流行要從魏晉風度說起。魏晉時期，政治環境雲譎波詭，士大夫階層在重壓之下投身玄學，「越名教而任自然」，棄冠施巾成了這些人表達不滿的普遍做法。所謂冠冕堂皇，相對於莊嚴肅穆的冠，襆頭的隨性與方便漸漸爲士大夫階層所喜，尤其在魏晉道家思想的薰染下，襆頭更成爲士人的常服。竹林七賢的經典形象中，七人或施巾，或散髮，或梳髻，巾在此成了體現士人放浪形骸的最佳飾物。

《大學衍義補》胡寅注寫道：「古者，賓、祭、喪、燕、戎事，冠各有宜。紗襆既行，諸冠盡廢。」從中可以看出巾迅速取代冠的歷史發展脈絡，其中未嘗沒有一絲「禮崩樂壞」的感歎。古之巾何時漸變成襆頭已不可考，但能推出個大概：南北朝時期，北周武帝宇文邕曾對襆頭的形制進行改革，並促成了襆頭的流行。《隋書．禮儀志》有記述：「故事，用全幅皁而向後襆髮，俗人謂之襆頭。自周武帝裁為四腳，今通於貴賤矣。」

從這段記載可以得知，「襆頭」一詞是民間俗稱，其原型大約是古代多爲「賤人」所用的幅巾。宇文邕將其形制改革後，一時流行，從此「通於貴賤」。從古籍、壁畫中找不到幅巾向襆頭演變的明顯軌跡，考慮到南北朝時期的民族融合背景，襆頭很可能是以幅巾爲底，受鮮卑帽影響而演變的產物。隋朝大業十年（六一四年），吏部尚書牛弘上奏建議在襆頭中加襯墊，使用時扣覆在髻上，再用巾帕繫裹。至唐初，經牛弘建議改制的襆頭已被廣泛使用，成爲有唐一朝時代特色最鮮明的帽子樣式。

五代時期，襆頭製作工藝有所改進，硬度提升，「前爲一折，平施兩腳」的形制出現，與後世烏紗帽已頗有相似之處。由唐入宋，襆頭的「兩腳」變得長而直。民間傳說中，因百官入朝站班時容易交頭接耳談私事，故宋朝皇帝下令於襆頭後加長展翅，使官員之間有一定距離。其實五代壁畫中就已出現配有較短展翅的襆頭，在宋朝定型的長展翅很可能承襲於五代舊制，只是宋朝透過朝廷禮制將其確定爲官服。周密《武林舊事》甚至有宋朝皇帝主持冊封皇后大禮時「內服襆頭」的記載，宋人對襆頭的鍾愛，由此可見一斑。

與唐朝柔軟的襆頭相對，宋朝最具特色的襆頭爲直腳襆頭，上自天子下至百官均可佩戴，這一風潮穿越元朝直接影響了明朝的輿服制度。據《明史．輿服志》載：文武官員「襆頭：漆紗二等，展角長一尺二寸；雜職官襆頭，垂帶，後復令展角，不用垂帶……」在明朝，新的官帽主角終於要登場了，那便是烏紗帽。

## 集大成的烏紗帽

從名稱上來看，烏紗帽並非源於明朝。早在南北朝時期，中原就已出現白紗帽與烏紗帽。從《隋書．禮儀志》中「案宋、齊之間，天子宴私，多著白高帽」的記載來看，白紗帽當爲天子便服。烏紗帽的歷史更爲久遠，《宋書．五行志》對其起源有記載：「明帝初，司徒建安王休仁統軍赭圻，製烏紗帽，反抽帽裙，民間謂之『司徒狀』。」這一故事說明早在東晉初年，司徒王休仁就發明了「烏紗帽」，民間還因此起了個「司徒狀」的別稱。

唐、宋時期不乏關於「烏紗帽」的記載，如馬縞《中華古今注．烏紗帽》記載：「武德九年十一月，太宗詔曰：『自今已後，天子服烏紗帽，百官士庶皆同服之。』」又如宋陸游〈探梅〉一詩云：「但判插破烏紗帽，莫記吹落黃金船。」不過古代各種帽類名稱多有改變，故判斷明朝烏紗帽的淵源不應以名稱而應以形制來論：烏紗帽的「眞實身分」應當是樸頭的進階版本，其形制之複雜、寓意之豐富，堪稱集樸頭之大成。

明朝烏紗帽由前屋、後山兩部分組成，前屋低，緊貼頭部；後山高，以承髮髻。儒家自古就有「身體髮膚，受之父母，不敢毀傷，孝之始也」的訓誡，漢人自古以來有蓄髮傳統，頭頂髮髻需要一定空間，烏紗帽的形制可謂審美與實用兼得。當然烏紗帽最引人注目的部分不是前屋後山，而是左右兩側伸出的展翅，又稱「高蟬」。相比於宋朝樸頭的長展翅，烏紗帽的展翅更爲圓潤厚重，外形更爲多樣化。

洪武三年（一三七〇年）定制，凡文武官常朝視事，以烏紗帽、團領衫、束帶爲公服。與此同時，年老退休的官員、侍奉父母的辭閒官員、尚未授官的狀元和進士也允許戴烏紗帽，唯因事罷官者不得再戴。皁蓋烏紗由此與官員、官場永遠聯繫在一起。受明朝近三百年的影響，烏紗帽經歷了清朝輿服制度的中斷後，依然在大眾文化中有著不可磨滅的影響，成爲官員的代名詞。

明朝初年，官員風氣爲「烏紗矮冠」，到了明朝中後期，烏紗冠開始愈做愈高，以至於「紗帽作高頂，靴作高底，輿用高槓」，有了「三高先生」的說法，一頂烏紗帽成了見證明朝官場習氣變遷的活化石。明人詩詞、戲曲中，也不乏烏紗帽這一意象，如鄭板橋〈予告歸里，畫竹別濰縣紳士民〉的名句「烏紗擲去不為官，囊橐蕭蕭兩袖寒」，烏紗已然是官位之意；又如馮惟敏〈清江引．八不用〉曲中「烏紗帽，滿京城日日搶，全不在賢愚上」一句，「烏紗帽」三字已然有著濃濃的衙門氣了。

*

從民間文化來看，將「烏紗帽」視爲官帽並無不妥，不過從歷史的角度而言，這種指代有著相當漫長的演進過程。寬泛而言，不妨將「冠」視爲最古老的官帽，這一形制經魏晉風度的薰陶漸漸向襆頭演化，最終經唐、宋、明三朝收束於烏紗帽。從東漢永平二年制定輿服開始，到明朝洪武年間以烏紗帽爲「凡文武官常朝視事」的公服，歷朝官服的形制雖有大變，但背後的輿服制度始終一脈相承，這種制度傳承才是烏紗帽最終變成官場代名詞的眞正根基。

**延伸閱讀**

世人以烏紗帽指代官位、權勢，在儒家「從道不從君」的追求下，這頂「高帽」在文人筆下自然不免沾染上或濃或淡的貶義色彩，有時甚至成爲牢盆狎客、團扇才人的代名詞。從袁宏道〈虎丘記〉中感歎「烏紗之橫，皁隸之俗」，到鄭板橋的「烏紗擲去不為官」，再到鄧拓的「脫卻烏紗真面目」，「烏紗」二字全無官員的勵精求治，只剩下官場的烏煙瘴氣。所謂「欲戴王冠，必承其重」，這八個字對於烏紗帽本身來說也是如此吧。

## 文禽與武獸
### 官員補服裡的尊卑有序

毫無疑問，沒有人願意被稱為「禽獸」，但有趣的是，明、清兩朝官員卻願意大張旗鼓地將各類「禽獸」繡到官服上用來區分官階。這種繡著「禽獸」紋樣的布料就是補子，而綴有補子的服飾就是補服。比起官帽、花翎、魚袋等什物，補服的視覺衝擊力無疑更強，熟悉明、清歷史的人在歷史劇中匆匆一瞥就能看出穿戴者的地位：一品仙鶴、二品錦雞、三品孔雀……恰似將「師長」、「旅長」刻在棋面的軍棋*棋子一般。清朝末年，朝廷衰敗，賣官鬻爵現象不止，「黑市」上甚至出現「空補」，方便捐官者按需再繡上相應的「禽獸」紋樣，這算得上是古代「市場化」色彩最鮮明的官用物品了……

言及明、清時期的官員形象，給人最深刻印象的往往是其官服胸前那片色彩斑斕的紋樣。如同日本的家紋、歐洲的紋章一樣，這些紋樣讓人遠遠地就能看出官員的身分，不同的是這裡的身分指向官員的品級，而非其血統與家世。

古代中國，服飾從來不僅是遮羞、保暖的什物那麼簡單。在森嚴的等級制度下，不同地位、不同身分的官員，其服飾在顏色、款式、材質、配飾方面均有嚴格規定，不得僭越。對這一切細枝末節加以規定的制度，就是冠服制度。冠服制度發展的集大成者就是誕生於明朝的官員補服制度——明、清官服胸前的紋樣其實是補子，補服則是綴有補子的服飾。

然而，細究歷代官服史卻會發現這些華麗的紋樣似乎直到明朝才突然出現。明朝之前，朝廷君臣如何透過冠服區分地位？而明、清兩朝的補服真的如空中樓閣一般，沒有歷史根基，直到十四世紀才橫空問世嗎？

事實上，補服正式誕生於明朝沒錯，但其歷史淵源卻能追溯到更遠；而用不同的花紋區分地位這一做法，本身就有著漫長的歷史。

*又稱「陸軍棋」，中國近代的一種雙人、四人棋局，根據軍隊中的軍階設計，一方有二十五枚棋子，先奪得對方軍旗者爲勝。

## 所以辨貴賤，定名分

自三代以降，服飾就是中國等級制度的直觀體現。在祭祀、朝會等場合中，君與臣都身著不同形制的服飾，以達到「尊卑有別、長幼有序」的禮制要求。周朝關於祭祀禮服「六冕」的規定是當時服飾制度的代表。

所謂「六冕」，是指周朝君臣祭祀天地、先王、山川、社稷時穿戴的禮服，分別名爲大裘冕、袞冕、鷩冕、毳冕、絺冕和玄冕。「六冕」中，以大裘冕爲貴，上繪十二章，爲天子所專用；其他五冕則由君臣通用，分別繪有九章、七章、五章、三章、一章。

章亦可稱「章紋」，指的是十二種繪繡的圖案，包括日、月、星辰、山、龍、華蟲、宗彝、藻、火、粉米、黼、黻，通稱「十二章」。不同章數分別對應著穿戴者的不同爵位與身分，而身著大裘冕的天子，自然位於照臨天下的政治金字塔頂端。

雖然大裘冕爲天子所獨有，但其餘五冕的形制統一，故而當君臣身著同一種冕服時，所用的章紋數都是一致的。對此，《讀通鑑論》評價爲「古之天子雖極尊也，而與公、侯、卿大夫、士受秩於天者均」。從中可以看出，在漢朝人眼中，周朝君臣之間的等級差距還不是非常明顯，其冠服制度尚能品味出「受秩於天者均」的古樸氣息。

秦朝統一後毀滅古禮，「六冕」隨之被廢；東漢明帝時期，冕服重新被使用，章紋依然是區分等級的重要標誌，如《後漢書．輿服下》所載：「乘輿備文，日月星辰十二章，三公、諸侯用山龍九章，九卿以下用華蟲七章……」

由周至漢，君與臣、臣與臣之間的冕服透過章紋等裝飾性圖案來區分貴賤；而自秦之後，歷朝對官員的朝服開始進行規範，並於南北朝時期發展出統一的朝服制度。隋朝統一後，關於官員的朝服品級制度愈加詳細，《隋書．禮儀》載：「（百官）朝服，冠，幘，簪導，白筆，絳紗單衣，白紗內單，皁領、袖，皁襈，革帶，鉤䚢，假帶，曲領方心，絳紗蔽膝，韈，舄，綬，劍，佩。從五品已上，陪祭、朝饗、拜表，凡大事則服之六品已下，從七品已上，去劍、佩、綬，餘並同。」

從中可以看出，隋朝朝服在服裝形制上並無明顯區別，品級地位差異主要體現在冠及劍、佩、綬等配飾上，這種區分顯然沒有冕服上的區分那麼明顯，很難達到「明等威」的目的。至唐朝武德年間，朝廷終於開始以常服的顏色來區分官員品級。

朝服、公服、常服並非同一概念，且歷朝之定義、使用場合多有出入。簡言之，朝服是君臣大祀、慶成、進表之服；公服爲官員常朝、辦公之服，因省略了朝服上許多繁瑣的掛佩而有「從省服」之稱；常服則爲常朝視事之服。《宋史．輿服志》載：「凡朝服謂之具服，公服從省，今謂之常服。」可以大致認爲公服是朝服的「簡潔版」，而又常與常服相混同。以上三者雖不能混爲一談，但從歷代官服等級區分的角度來看，不妨將其視爲一體進行比較。

唐朝武德四年（六二一年）制定的常服規範成爲品色服的雛形，其中皇帝著赤、黃二色，親王及以下至文武百官、庶人部曲等分別著紫、朱、黃、綠、青、黃白色。之後唐朝品色服制度進一步系統化，並細分至每一品級：三品以上著紫色，四品著深緋，五品著淺緋，六品著深綠，七品著淺綠，八品著深青，九品著淺青，流外官及庶人著黃色。這一劃分方式爲宋朝所借鑑，至宋神宗時期形成了以紫、緋、綠三色分品級的品色服制度。

總體而言，從章紋到品色服，歷朝君臣冠服的地位區分功能愈來愈明顯，愈來愈能達到「辨貴賤，定名分」的政治目的。所以說，補服雖然直到明朝才眞正出現，但絕非一蹴而就；若沒有之前歷代王朝在冠服制度上的種種建樹，集歷代冠服制度之大

清代五品武官熊紋補子
（北京・清華大學藝術博物館館藏）

成的補服也不可能被孕育出來。

## 禽以文彩，獸以猛鷙

爲了更方便地區分官員地位，唐人將視線轉向顏色，而明人在繼承品色服制度之餘又引入「禽獸」——指以禽獸爲內容的服裝紋飾，其中文官飾以禽，武官飾以獸。正如丘濬《大學衍義補》所言：「我朝定制，品官各有花樣。公、侯、駙馬、伯，繡麒麟、白澤，不在文武之數；文武官一至九品，皆有應服花樣，文官用飛鳥象其文彩也，武官用走獸象其猛鷙也。」

雖說「禽以文彩，獸以猛鷙」的解釋已經足夠，但以禽獸爲喻指代官職，從文化角度尚可溯源。據《左傳》所載，少昊時期「鳳鳥氏，曆正也；玄鳥氏，司分者也；伯趙氏，司至者也……」雖然少昊「以鳥名官」並非明代「以禽獸名官」的依據，但從文

清代六品武官彪紋補子
（北京・清華大學藝術博物館館藏）

化符號的角度來看，文官飾禽，武官飾獸的做法倒也合乎情理。

從信史來看，最早以動物代表官員職司的現象出現於武德年間。據《中華古今注》所載：「武德元年，高祖詔其諸衛將軍，每至十月一日，皆服缺胯襖子，織成紫瑞獸襖子。左右武衛將軍服豹文襖子，左右翊衛將軍服瑞鷹文襖子。」至武周時期，武則天賜官員繡袍，亦效此制。《舊唐書．輿服志》記載：「延載元年五月，則天內出緋紫單羅銘襟背衫，賜文武三品已上。左右監門衛將軍等飾以對師子，左右衛飾以麒麟，左右武威衛飾以對虎，左右豹韜衛飾以豹，左右鷹揚衛飾以鷹，左右玉鈐衛飾以對鶻，左右金吾衛飾以對豸，諸王飾以盤龍及鹿，宰相飾以鳳池，尚書飾以對雁。」

從《舊唐書》的記載來看，武周時期已出現依官員品級、職司分別賜予不同動物章紋繡袍的做法，無疑爲日後補服紋樣的選擇提供了參考。金、元時期，胸背開始流行。所謂胸背，是指服裝上位於前胸、後背處的紋樣。元朝的胸背直接織、繡於服裝上，其紋樣種類眾多，有雲龍紋、鳳穿牡丹、鷹逐兔、花間臥鹿等。不過金、元兩朝的胸背多爲裝飾、應景，與地位品級無直接關係。

了解了唐朝出現以動物代指官員職司，以及金、元以降的胸背潮流，就會發現明朝出現補子一事可謂水到渠成。洪武元年（一三六八年），明朝制定公服時先框定顏色，並遵循唐制以紫、緋、綠、青等色系對應各品官員。洪武三年（一三七〇年），朱元璋再次傳諭，要求官員的常服用葵花胸背團領衫，而無品從者常服用團領衫，顏色不拘但不得有胸背花。可以看出，胸背已然與官員的品級產生直接聯繫。而到洪武二十四年（一三九一年），胸背紋樣與官員品級之間的聯繫終於制度化。

據《明史．輿服志》載，洪武二十四年定「公、侯、駙馬、伯服，繡麒麟、白澤。文官一品仙鶴，二品錦雞，三品孔雀，四品雲雁，五品白鷴，六品鷺鷥，七品鸂鶒，八品九品黃鸝、鵪鶉、練鵲。風憲官用獬豸。武官一品二品獅子，三品四品虎、豹，五品熊、羆，六品七品彪，八品九品犀牛、海馬。」

由此，不同的禽獸紋樣分別對應不同的品級，將這些禽獸紋樣以補子形式織繡於服裝上，富有明朝特色的補服就出現了。當然，這些林林總總的禽獸紋樣只是明朝輿服制度的一小部分，其他諸如文武百官所佩文綺、綾羅、彩繡，帽頂、帽珠等的規定不一而足，與補子一同構成明朝官員的錦繡服色，包括因影視劇而廣爲人知的錦衣衛大紅蟒衣、飛魚服和繡春刀，也只是這一輿服制度中偶然驚豔了後人的吉光片羽罷了。正因爲與品級掛勾，官員所用的補子自然以上可以兼下、下不可以僭上爲原則。話雖如此，哪個一品大員會在補子上繡鵪鶉、練鵲呢？

明朝的中央集權遠較前朝爲甚，出於「古昔帝王治天下，必定制禮以辨貴賤，明等威」的政治考慮，「服色不能無異」，故而最終孕育出精細至極的官員補服制度，亦是歷史必然。從服裝縫製的角度來看，所有綴有補子的服裝均可稱爲補服，甚至以補子爲官員常服最重要組成部分的明朝，同樣存在一些應景補服，如端午時繡有五毒艾虎的補服、七夕時繡有牛郎織女的補服、重陽時繡有菊花的補服等。只是，明朝官員常服的補子太過耀眼，以至後世談論補服時，自然將其與朝廷官員相聯繫。至李自成建立大順時，以雲爲品，一品一雲，至九品爲九雲。大順存續時間太短，這一制度是否體現到官員常服之上難以判斷，但其受明制影響卻是顯而易見的。

## 即取其文，亦何必僅沿其式

明朝官員補服制度影響的不僅是曇花一現的大順，更有清朝。從朝代更迭來看，後朝對前朝制度的承襲並不奇怪，如漢承秦制、唐承隋制等。然而，清朝畢竟是東北少數民族建立的王朝，不改滿洲服制是其既定國策，早在崇德二年（一六三七年），清太宗皇太極便訓諭諸王當以騎射爲業，若貿然遵循漢人風俗，不親弓矢，將導致武備鬆弛，後世八旗子孫不得輕棄祖制。在皇太極眼中，從北魏、遼、金到元朝，但凡改漢衣冠者的王朝無不再世而亡。滿洲服制隱約有了「綿國祚、承天佑」的政治使命。

民族習性固然重要，但完備的冠服制度亦是統治的剛性需求，故而早在努爾哈赤時代，後金就已經部分借鑑明朝的官員補服制度，初步規定諸貝勒著四爪蟒緞補服，都堂、總兵官、副將著麒麟補服，參將、游擊著獅子補服，務御、千總著彪補服。

明朝官制重文輕武，故在官員補服的設定上，武官較文官顯得草率；而在後金，補服僅限於武官，重武輕文的游牧民族印記十分明顯，凸顯了「潤色章身，即取其文，亦何必僅沿其式」的權變思想。然而，一旦後金成為執掌天下的清朝，這一簡陋的冠服制度就無法滿足統治需求了。

《東華錄》有一則故事描繪清朝在立國之初缺乏冠服制度的窘迫：順治元年（一六四四年），山東巡按朱朗榮聽說有三名新補任的監司均為關東舊臣，於是啟奏攝政王多爾袞，認為朝廷自古以衣冠禮樂實施文教，如果不以冠服重新打理這些關東舊臣，會導致百姓將文德興教的官員誤認為統兵征戰的將領，引發動盪。朱朗榮建議朝廷依官員品級製作相應冠服用於日常政務。多爾袞立刻應允，並下令依明制制定冠服制度。

毫無疑問，建立冠服制度已成當務之急，但當時戰事未歇，萬方多難，於是沿用明朝「紗帽圓領」的補服，自然成了權宜之計。在此之後，清廷於順治九年（一六五二年）正式頒布《服色肩輿永例》，明確以補子紋樣做爲官員品級的區分標誌，除卻親王、公、侯、伯外，百官的補子也明確下來。其中文官一品用仙鶴、二品用錦雞、三品用孔雀、四品用雲雁、五品用白鷴、六品用鷺鷥、七品用鸂鶒、八品用鵪鶉、九品用練鵲；武官一品二品用獅子、三品用虎、四品用豹、五品用熊、六品七品用彪、八品用犀牛、九品用海馬；都察院、按察使司衙門官用獬豸。由此可以看出，順治年間清朝的官員補服制度，幾乎完全承襲明朝。

順治之後，官員補服制度於康熙、雍正、乾隆年間多次調整，直到乾隆二十四年（一七五九年）隨著《皇朝禮器圖式》的完成而最終定型。相較於順治之制，乾隆年間對補服制度的修改大多針對皇室、封爵、侍衛等。大體而言，親王、郡王、貝勒、貝子、鎭國公等爲圓補，其紋樣依等級多爲龍、蟒；文武百官爲方補，紋樣依舊制，少有變化。

由明至清，從仙鶴、獅子到練鵲、海馬的品級指代保持了極強的穩定性。有所不同的是，明代官服是團領衫，補子是完整的一塊；而清朝官服對襟，補子自然被分爲兩個半塊，這背後又是明、清兩朝，或者說漢、滿兩族服飾文化本身的差異。

不過與明朝相比，清朝的補子區分官員品級的職能更爲重大，因爲明朝官服除補服紋樣外，尚有顏色之分，而清朝官員補服的顏色卻上下統一。清朝貴族階級偏好藍青色系，不同時代的補服大體包括石藍、石青、元青等顏色。這些顏色僅從文字描述上難以區分，但從《康熙南巡圖》、《祭先農壇圖》、《馬術圖》等畫作可以看出，有清一朝的補服底色呈現出自藍向青、由淺而深逐漸過渡的傾向。

底色相同則補子紋樣的差異就必須更爲明顯，方能使各級官員在較遠距離就能辨別彼此的品級，以避免失禮情況發生。不過，囿於時代技術等因素，清朝律法只在原則上規定補子的主體紋樣，各級官員的補子皆自行按照典章制度織造購買，導致補子成爲一種「個性化定製」的標誌，一千個同品級官員胸前的補子可能就會有一千種表現形式。此外，補子的設計和用材自然受到時尚潮流、絲織業發展程度、政治風氣等因素的影響，在不同的時代背景下必然呈現出不同的風貌，如雍正時期皇帝勤儉，官員的補子便改成相對廉價的藏青絲地；乾隆時期國家富強，官員補子也相對華麗奢侈；而到嘉慶時期，政治經濟困頓導致官員補子無論是紋樣造型還是質地配色的水準都大幅下滑。清朝的官員補服不僅是官員的「名片」，也成了國運的晴雨表。

＊

做爲中國古代政治制度的一環，冠服制度及其細支官員補服制度也自然而然地隨著清朝的滅亡而消失於歷史長河中。然而在消亡之前，清朝的補服卻又意外書寫了一段令人唏噓的歷史。

做為品級的象徵，補服縫製的邏輯應當是先有品級，再依品級縫製補子，然而晚清時期卻出現了「空補」這一「奇物」。所謂空補，指的是補子中心主體紋樣缺失，僅繡有日月、雲蝠、江涯等背影紋樣；與之對應的則是同樣單獨縫製的主體紋樣，等需要時，再將相應的主體紋樣縫製到空補之上。空補的出現與晚清時期賣官鬻爵的盛行有很大關係。國家將亡之時，清廷為了填補國庫開始買賣官品，商人出一定錢款就可以捐官。對於捐官者而言，品級變動相對頻繁，如果每次變動都要將整個補子換掉就顯得奢侈，使用空補則只需要改變主體紋樣。在「市場化」的運作下，官員補子居然成了格式化的商品，真稱得上是清末的奇景之一了。

官員補服制度雖然直到清朝滅亡才宣告終結，但其喪鐘的敲響還要更早。從宏觀角度來看，官員補服雛形出現於唐，確定於明，盛行於清，禽獸紋樣的確立可以說是將古代等級制度的表達推向了頂峰。一件補服不僅是政治形態的反映，更體現著一個時代的製作工藝和時尚文化，將之歸為藝術品倒也不過分。

# 女皇的匣子
## 銅匭裡的盛唐直訴制度

做為中國歷史上唯一「正統」的女皇帝，武則天可謂家喻戶曉，但做為「發明家」的武則天恐怕就少有人知了。這裡說的發明可不是漢字史上的奇觀——「則天文字」，而是一樣影響了中國司法制度數百年的法律器物：銅匭。武則天稱帝後，曾命人在朝堂東西南北四面分別放置了四個顏色各異的銅匭，用來收集各類情報，這些透過銅匭遞交的情報就是匭函。有些人認為這幾個銅匭就是官方的「舉報箱」，更是武則天一朝告密之風盛行的重要縮影。然而從法律角度來看，還真是冤枉了武則天：第一，匭函不僅是「舉報」，除用於告密外，更在於暢通言路；第二，「舉報箱」也不是武則天的首創，不然你以為「誹謗木」是派什麼用場的？

做爲中國歷史上唯一「正統」的女皇帝，武則天稱得上是一位偉大的政治家。她獎勵農桑，改革吏治，拔擢賢才，廣開言路，開創了長達十餘年的武周之治；與此同時，她還是一位「發明家」——這裡指的可不是曇花一現、華而不實的則天文字，而是影響了中國司法制度數百年的法律器物：銅匭。

匭，就是小匣子。當然，武則天的這些小匣子並不簡單，它背後代表著一整套匭函制度，正符合武則天廣開言路的執政理念。那麼，這些小匣子究竟有什麼玄機，居然能在中國法制史中留下不可磨滅的印記？這要從武則天當政時的特殊時代背景說起。

## 給女皇的打小報告

中國古代的女皇不止一人，但能稱上「正統」二字的唯有武則天。即使如此，武則天對自己執政依然顯得有些底氣不足，所以終其一朝都大開告密之門。爲了加強耳目，武則天於垂拱二年（六八六年）在朝堂東、西、南、北四面分置了青、丹、白、黑色四個銅匭，以收集各路情報。

這四個銅匭具有告密的功能，但其意義遠遠不止告密，更帶有「申天下之冤滯，達萬人之情狀」的目標。對於它們的敘述，以《唐會要》最爲詳盡：

「置匭四枚，共為一室，列於廟堂。東方木位，主春，其色青，配仁。仁者以亭育為本，宜以青匭置之於東。有能告朕以養人及勸農之事者，可投書於青匭，名之曰『延恩匭』。南方火位，主夏，其色赤，配信。信者風化之本，宜以丹匭置之於南。有能正諫論時政之得失者，可投書於丹匭，名之曰『招諫匭』。西方金位，主秋，其色白，配義。義者以決斷為本，宜以素匭置之於西。有欲自陳屈抑者，可投書於素匭，名之曰『申冤匭』。北方水位，主冬，其色玄，配智。智者謀慮之本，宜以玄匭置之於北，有能告朕以謀智者，可投書於玄匭，名之曰『通玄匭』。」

四匭的形制與命名正合陰陽五行思想，同時凸顯了武則天濃濃的個人審美與政治權威；而論其功能則不僅僅局限於告密，更有勸農之事、諫論時政之得失、自陳屈抑、告以謀智等。《資治通鑑》對四匭的解釋更爲簡潔明瞭：「延恩匭」爲求仕進者投之，「招諫匭」爲言朝政得失者投之，「申冤匭」爲有冤抑者投之，「通玄匭」爲言天象災變及軍機祕計者投之。由此看來，四匭已然是各路民情政事直達天聽的資訊中樞。

銅匭設在光順門內，武則天設置了專門的知匭使院，其中知匭使進行分揀，理匭使負責進一步審閱。文書中關係重大的直接交與武則天本人，普通事務則轉發到宰相或其他有關部門處理，再上奏武則天決斷。

四匭雖然顏色各異，但其基本形制均是「以受表疏，可入不可出」，以保護投書者的隱私。從政治角度來看，匭函制度或許與武則天的「酷吏政治」相得益彰，使得告密行爲愈加盛行；但從法制角度來看，其的確承擔了大量「通冤滯」、「知民情」的職責，功效十分顯著。比如名臣狄仁傑被來俊臣誣陷謀反後，正是透過申冤匭得到平反；著名詩人陳子昂也是透過延恩匭進呈〈諫靈駕入京書〉而授麟臺正字。

武則天以其獨特的事蹟受到後世小說家的喜愛，而種種宮廷祕聞中，匭函制度往往沾染了濃厚的陰謀色彩。其實在唐朝，這一制度不乏支持者，如韓愈〈贈唐衢〉詩中便寫道：「當今天子急賢良，匭函朝出開明光。」白居易更認爲「匭使之職舉，則天下之壅蔽所由通也」，對其「通壅滯」、「達下情」給予極高的評價。這四個用來向女皇打小報告的小匣子，在中國法制史中的地位是絕對不容忽視的。

## 匭函的前世今生

匭函制度的確由武則天首創，但說這位女皇帝兼「發明家」是站在前人的肩膀上也

《武后行從圖》摹本局部（中國國家博物館館藏）

不假，早在唐朝之前，歷朝就已出現了形式各異的舉報箱，從形制與功用上來看，武則天的銅匭可以看作這些舉報箱的加強版。

不過舉報箱誕生於哪個時代，史學界尚有爭議。相對古老的說法是，最早的舉報箱由號稱「法家始祖」的李悝發明，名爲「蔽竹」。西元前四〇三年，魏文侯任李悝爲相主持變法，爲鼓勵百姓舉奸揭凶，李悝遂在偏僻的巷道中設置蔽竹。蔽竹是個圓柱形的竹筒，上留小口，民眾可以將寫有檢舉內容的竹簡投入其中。一旦查證確實，官府將「嚴律治之」。

提及蔽竹的法學論文或未列出蔽竹的出處，或認爲其記載於李悝所制定的《法經》。無出處者自不足爲憑，蔽竹出於《法經》之說也大有可探討之處。據董說《七國考》中引桓譚《新論》所載，《法經》全文在南宋時就已散佚，其內容爲何不爲後人所知。最早提到《法經》的史料是三國時期的《晉書．刑法志》所引的《魏律．序》，此時距戰國時期已經過去整整六百年。如《法經》這麼重要的文獻，六百年來居然不見於史書，實在不算正常。力主《法經》存在的當代學者何勤華提出「對於流傳下來的文獻史料，只要沒有明確的證據證明其是僞造的，一般都應認可其真實性。對《法經》亦應如此」，可見也沒有確鑿的證據。皮之不存，毛將焉附，對於蔽竹究竟是不是存在，的確要畫上一個問號。

秦朝設有公車司馬令，凡吏民上章皆由其轉達；漢朝又有「詣闕上書」的制度，但這些都不是祕密的檢舉。真正具備舉報箱功能的，要數西漢宣帝時期潁川太守趙廣漢發明的缿筩（通「缿筒」）。

《漢書．趙廣漢傳》載：「（趙廣漢）教吏為缿筒，及得投書，削其主名，而托以為豪傑大姓子弟所言。其後強宗大族家家結為仇讎，奸黨散落，風俗大改。吏民相告訐，廣漢得以為耳目，盜賊以故不發，發又輒得。」

這一段的疏注中詳細解釋了缿筒的形制：「缿音項，如瓶，可受投書」、「筒，竹筒也，如今官受密事筒也」、「缿，若今盛錢臧瓶，為小孔，可入而不可出。或缿或筒，皆為此制，而用受書，令投於其中也。筒音同」。從中可以看出，缿筒有些像儲錢罐，只能往裡面放東西卻不能輕易取出；而趙廣漢拿到這些檢舉材料後又「削其主名」，並偽稱是豪傑大姓子弟提交的情報。有了這樣的保密性，「吏民相告訐」現象的出現也就不奇怪了。

疏注中的「如今官受密事筒也」一句，是三國時期學者孟康所寫，可以推斷出三國時期同樣有舉報箱的建制。三國時期，曹魏與孫吳均在傳統監察機構之外設有校事，其職能類似於明朝的廠衛，故有密事筒也不足爲奇。

南朝梁時，梁武帝蕭衍正式在公車府設置了具有匭函性質的謗木函和肺石函。百姓對朝廷的批評，可投書於謗木函；自薦、申冤的，可以投書於肺石函。從內容上來看，兩函受理事務的範圍比起銗筒有極大的拓展並開始分類，已經基本具備了匭函制度的形式，武則天創設匭函時，很難說沒有借鑑蕭衍的經驗。

唐朝滅亡後，匭函制度依然常見於五代諸國。後唐、後晉、後漢、後周均有設匭函的記載。宋初效法唐，繼續推行匭函制度，直到太平興國九年（九八四年）宋太宗趙光義改匭院爲登聞院，匭函才變成了檢匣。檢與匭形制相似、功效相同，也重在「可入不可出」，《續資治通鑑長編》載：「東延恩匭為崇仁檢，南招諫匭為思諫檢，西申冤匭為申明檢，北通玄匭為招賢檢。」可見匭與檢無非變了一個名稱，其實質並沒有什麼區別。

宋亡後，繼而統治中原的是由蒙古族建立的元朝，很多制度由此中斷，有宋一朝極度重視的檢函制度隨之在歷史舞臺上消失。明、清兩朝依然有迎駕、密奏、叩閽等制度，但由南朝梁至南宋通行七百餘年的匭函制度，卻再也沒有出現。

## 直訴制度知多少

從蕭衍開始，歷朝統治者設立匭與檢，大多是爲了「下情上通，無令壅隔」，也就是暢通言路，給下層社會一種越過逐級審理程序、將其意願「通達天庭」的路徑。故而從法律制度的角度來看，匭函制度可以視爲直訴制度的一種。

所謂直訴，指的是有冤情者在案情重大、冤情無處申訴時，直接將案情陳訴於最高統治者或特定機構的訴訟制度。當然，因爲古代民刑不分、諸法合體，直訴案件往往不限於冤案，如宋朝登聞院的受理範圍囊括了「言朝政得失、公私利害、軍期機密、陳乞恩賞、理雪冤濫及奇方異術、改換問資、改正過名」，幾乎可說無所不包。除了匭函制度，是不是還有其他「通達天庭」的方式呢？

答案是肯定的。匭函制度濫觴於蕭衍統治時期，蕭衍所設二函爲何分別稱爲「謗木函」和「肺石函」呢？因爲謗木與肺石本身就是用來直訴的器物。堯在位時設「進善旌」和「誹謗木」以聽取天下百姓的建議；西周時期，周王設立路鼓和肺石，百姓鳴冤或有其他要事，可以透過擊鼓或站在肺石上三天的方式啟動相應程序，這些制度都可以視爲直訴制度的雛形，蕭衍的函以此命名，其意圖不言而喻。

蕭衍的〈置謗木肺石函詔〉云：「商俗甫移，遺風尚熾，下不上達，由來遠矣，升中馭索，增其懍然，可於公車府謗木肺石傍，各置一函……山阿欲有橫議，投謗木函……若欲自申，並可投肺石函。」謗木和肺石已解，公車府又是什麼機構呢？其實也與直訴制度相關。

秦朝設公車司馬令及公車司馬丞，負責接待和安排上書或請求面見皇帝陳言的吏民。漢朝時發展出完善的上書制度，其中最有名的案件就是「緹縈救父」。西漢文帝時期，緹縈之父犯罪當受肉刑，緹縈正是透過上書這一形式提出「妾切痛死者不可復生，而刑者不可復續，雖欲改過自新，其路莫由」，希望以「入身爲官婢」的方式代父贖刑，並最終促使漢文帝廢除肉刑。

魏晉南北朝時期，路鼓制度演化成登聞鼓制度，「人有窮冤則撾鼓，公車上表其奏」。隋唐時期，律法又正式規定了邀車駕制度，案情重大而不得申冤者可在皇帝出巡之時攔車申冤，而且主司必須受理。因爲這一制度，清朝時漸漸滋生出「京控」（軍民直接到京城呈控）這一特殊現象，這是中國法制史上一道特別的風景線。

*

包括匭函在內，歷朝歷代創設了林林總總的直訴形式，有其內在的必然性。透過登聞鼓、邀車駕等方式，底層社會的案件能贏得皇帝的關注，從而避免官官相護的情形；而這一申訴管道的存在同樣發揮了社會安全閥的作用，讓一些社會矛盾不至於因無處疏解而引發動盪。直訴制度因其管轄領域極廣，使朝廷得以透過個案了解到更多國情民意，實現「廣言納諫，下情達上」的目的。

不過，中國自古以來便是泱泱大國，廣大窮苦百姓能不遠千里去投匭函、邀車駕的畢竟只是少數；反之皇帝唯一人而已，其所能照顧到的領域也著實有限。直訴制度歷經二十餘個朝代的發展雖然日臻成熟健全，但其功效並不樂觀。

正如《漢書．刑法志》所言：「天下獄二千所，其冤死者多少相覆。」法律不是萬能的，如何將其效用發揮到最大，中國千年直訴制度中的經驗教訓，實在值得後人吸取借鑑。

## 延伸閱讀

陳子昂最廣爲人知的作品大概要數〈登幽州臺歌〉。「前不見古人，後不見來者。念天地之悠悠，獨愴然而涕下」這二十二字，堪稱「胸中自有萬古，眼底更無一人」。〈登幽州臺歌〉固然氣勢雄渾，但畢竟少了一絲煙火氣。相比之下，陳子昂年輕時於延恩匭中投遞的〈諫靈駕入京書〉，更能體現其積極入仕、直陳政見的一面。武則天有幸執政於人才輩出的盛世，她所設的銅匭因此超越律法，得以薈萃天下名篇、四海雄文。

# 鳴冤登聞鼓

## 天子腳下的言諫與申訴

提到古代的官司，不少人往往會聯想到「擊鼓鳴冤」。布衣百姓受了冤屈，只要在衙門前擊鼓，便會有「青天大老爺」出來主持公道。其實這是個誤會：古代衙門門前的確大多有一面鼓，民眾遇到急事擊鼓，知縣也理當升堂受理。不過，這只是遭遇緊急事件時採取的特殊程序，更多時候那面鼓是用於「播放」官吏「下班鈴聲」的工具。但「擊鼓鳴冤」的確真實存在，而且是很多朝代正式的法律制度，只是這面鼓往往設在天子腳下、首善之區，鳴冤的對象則是皇帝而非一般父母官。說得直白一些，「擊鼓鳴冤」就是古代的「進京上訪」。

中國歷史題材的影視劇中，一旦牽涉「官司」，往往少不了擊鼓鳴冤的情節，似乎擊鼓便是古代提起訴訟的「前置程序」。事實上，縣衙前的堂鼓最早並非為鳴冤而設，而是官署發布「下班」信號的工具。紅日西沉，天色將暮，衙役擊鼓，縣令今日便不再理事，這是古人的「朝九晚五」。

以擊鼓做為「下班」信號是自古已有的傳統。比如唐朝〈宮衛令〉便有「閉門鼓」與「開門鼓」的規定，「閉門鼓」之後、「開門鼓」之前是相對漫長的宵禁，若無故在此時段於城中行走，便觸犯了「犯夜」的罪名。晨鐘暮鼓不僅伴隨著寺院僧人的生活，更與塵世煙火息息相關，官署以鼓聲結束一天的政務，也是傳統使然。

百姓提起訴訟，應當先呈上訴狀而非擊鼓，縣令收到訴狀之後再擇時升堂審理。直到晚近之世，百姓遇緊急之事方可不呈訴狀直接擊鼓，算是案件審理的特殊程序。晚清吳趼人《二十年目睹之怪現狀》中，有一段李壯在找到夏作人殺人證據後，飛奔到縣裡擊鼓鳴冤的情節，這裡的「殺人」便是得以啟動「特殊程序」的緊急之事。中國傳統法律制度「民刑不分，諸法合體」，民間訴訟無論案由大多收束於縣令，若是什麼鄰里紛爭、家長里短都能擊鼓，官署的日常工作怕是無法正常進行了。

不過擊鼓的確與官員審理案件的程序息息相關。中國傳統戲劇中鼓點名目繁多，老票友一聽擊鼓的輕重節奏便能大體猜到接下來的情節，大抵與背景音樂相似。三擊升堂鼓，一句「奉王命」；四擊退堂鼓，再一句「謝主隆恩」，個中自有滿滿的儀式感鋪陳開來。影視劇中的擊鼓鳴冤與傳統戲劇中的鼓點，似乎也有著文化上的草蛇灰線。

縣衙的堂鼓不爲「鳴冤」，擊鼓鳴冤之說難道只是一種文化演繹嗎？倒也不是。鳴冤鼓在歷史上的確有原型，便是登聞鼓。只是這面鼓不設在尋常縣衙，而設在天子腳下；鳴冤的對象也不是縣令，而是皇帝。

## 登聞鼓的「史前」歲月

登聞鼓最初見於《晉書》，但其雛形早在傳說中的三皇五帝時期就出現了。宋代高承編撰《事物紀原》解釋了「登聞鼓」之名的由來：「昔堯置敢諫之鼓即其始也，用下達上而施與朝，故曰登聞。」這一點能在《漢書》中找到印證：「古之治天下，朝有進善之旌，誹謗之木，所以通治道而來諫者。」應劭注曰：「旌，幡也。堯設之五達之道，令民進善也。」綜合這幾段文字，可以看出堯爲了方便百姓給他建議或批評，在交通便利之地設下「進善旌」和「誹謗木」以開通言路，這一舉措便是登聞鼓的源頭。

天安門廣場的華表，建於明朝永樂年間，頂端的蹲獸叫做「犼」

如果說旌與鼓還有所差別，到大禹時期便已出現了鼓的身影。《管子．桓公問》說「禹立諫鼓於朝」，這裡立的鼓是路鼓。《容成氏》二十二號簡中有更詳細的記載：「禹乃建鼓於廷，以為民之有訟告者鼓焉。鼓，禹必速出，冬不敢以蒼辭，夏不敢以暑辭。」可見若有百姓爲爭訟而撞鼓，大禹便會出來辦理案件，一派明君的形象由此躍然於簡上。

大禹時期的路鼓制度已經與訴訟相關，但其主要職能還是廣開言路。《淮南子》記載了大禹「五音聽治」的典故：「（禹）懸鐘鼓磬鐸，置鞀（通鼗）……教寡人以道者擊鼓，諭寡人以義者擊鐘，告寡人以事者振鐸，語寡人以憂者擊磬，有獄訟者搖鞀。」也就是說，大禹用五種樂器做爲五種政務的信號，「擊鼓」用於「教道」，而「獄訟」則是「搖鞀」。鞀，就是撥浪鼓。想想大禹時期百姓進言要先擊鼓，提起訴訟則先要搖撥浪鼓，上古時期君主理政，眞有一派田園牧歌式風采。

到了周朝，路鼓制度已經漸成定制，還出現了與之相應的肺石制度。《周禮》分別有「建路鼓於大寢之門外，而掌其政，以待達窮者與遽令」和「以肺石達窮民，凡遠近煢獨老幼之欲有復於上，而其長弗達者，立於肺石三日，士聽其辭，以告於上，而罪其長」的記載。路鼓與肺石均爲「達窮」而設，即將社會上的困窮之情上達於天子；因承載著這一精神，所以路鼓的形制不是雙面鼓而是四面鼓，其寓意爲「四方無所不達」。

東漢鄭眾云：「窮謂窮冤失職，則來擊此鼓，以達於王，若今時上變事擊鼓矣。」在這個曾持節出使匈奴的經學家眼中，路鼓、肺石是克服民意不通的善政。不過，後世學者對鄭眾的觀點亦有微詞，因從周朝的京城建制來看，百姓不可能隨便到達路鼓所在地，所以對於路鼓制度的效果不能過於樂觀。即便如此，周朝的路鼓、肺石依然是百姓與最高統治者的溝通管道。

鄭眾除了肯定路鼓、肺石制度，還提到「若今時上變事擊鼓」，也就是說，漢朝亦有擊鼓之制，但所報的是「變事」，主要用於傳遞緊急文書。其功用雖有變更，但制度本身有著切實的傳承。北宋沈括《夢溪筆談．器用》談到路鼓、肺石與登聞鼓之間的「繼承」關係：「原其義，乃伸冤者擊之，立其下，然後士聽其辭，如今之撾登聞鼓也。」雖然周朝還沒有登聞鼓一說，但在宋人眼中，路鼓、肺石無疑是登聞鼓的前身，因爲三者蘊含的「達窮」精神是一脈相承的。

## 從言諫到申訴的變遷

詳細論之，從堯的「進善旌」、「誹謗木」到大禹的「五音聽治」，再到周朝的路鼓、肺石乃至漢朝的「變事擊鼓」，都是爲了實現中下層社會與統治者溝通較寬泛的直訴制度。透過直訴，下層官吏、百姓既可以鳴冤申訴，也可以進行言諫、彈劾、檢舉、請願，甚至乞恩。在此，個案的訴求倒在其次，重點是朝廷允許下層社會有一種越過逐級審理程序、將其意願「通達天庭」的路徑，以「通幽隱之情，防壅隔之患」。

如果說自堯、舜、禹至兩漢時期，直訴中言諫者居多，申訴者較少，爲什麼「鳴冤」與「擊鼓」會在文化意義上日益緊密地結合在一起呢？這裡就要提到登聞鼓的誕生與轉型。

雖然三皇五帝時期就已有登聞鼓的雛形，但「登聞鼓」三字卻是《晉書》中首次出現。泰始五年（二六九年），「西平人麴路伐登聞鼓，言多妖謗，有司奏棄市。帝曰：『朕之過也。』舍而不問」。泰始爲晉武帝司馬炎年號，泰始五年離孫吳滅亡尚有十一年，所以登聞鼓制度最晚在三國時期就已經正式誕生了。

麴路之生平史無記載，但從其擊登聞鼓之後「言多妖謗」來看，顯然不是爲了鳴冤；難得的是在「有司奏棄市（執行死刑）」的情況下，司馬炎依然自責是「朕之過」，並沒有懲治麴路，由此可以看出當時這一溝通管道非常通暢，而且司馬炎做爲開國之君也有著極強的克制力。

西晉統一不久便陷入分裂，直至隋朝才重歸一統。就在隋朝，登聞鼓制度開始轉型：一方面，其提起的程序逐漸規範化、詳細化；另一方面，其重心逐漸從言諫向申訴傾斜，即是後世所謂的擊鼓鳴冤。

《隋書．刑法志》對登聞鼓有詳細的規定：「有枉屈縣不理者，令以次經郡及州，至省仍不理，乃詣闕申訴。有所未愜，聽撾登聞鼓，有司錄狀奏之。」這一段文字表明了兩層含義：第一，登聞鼓制度受理的是「枉屈」之案；第二，只有當正常程序無法實施、縣郡州省各級官吏均惰於行使審理權時，才能允許撾登聞鼓。透過這一規定，登聞鼓制度與言諫職能分流，成為單純的司法補救程序。

隋朝將登聞鼓制度定位為司法補救程序，這一程序的啟動應以正常司法程序無法順利進行為前提，而非在未經縣、郡、州諸官吏審理時直接適用。相對於隋朝的審慎態度，唐朝對登聞鼓的適用則更加積極。唐朝同時在東西朝堂設立肺石與登聞鼓為鳴冤者服務，同時還嚴格規定撾登聞鼓案件的程序，從監門衛奏聞開始，經尚書省左右丞、三司可直至皇帝本人。為了保證登聞鼓案件不被官員壓制，《唐律疏議》規定「主司不即受者，加罪一等」，至此，登聞鼓制度已經頗為健全。

因登聞鼓旁有武士把守，百姓最初多不敢上前，武則天當政時遂下令「不須設防」。到垂拱二年，武則天更實行極具「儀式感」的改革：在朝堂的四方置四匭並設匭使院、知匭使、理匭使等管理，以「申天下之冤滯，達萬人之情狀」。具體如下：

東方為木位，配青色的延恩匭，有能告皇帝養人及勸農之事者投之；南方為火位，配赤色的招諫匭，有能正諫論時政之得失者投之；西方為金位，配白色的申冤匭，有欲自陳屈抑者投之；北方為水位，配黑色的通玄匭，有能為皇帝提供謀智者投之。

匭即匣，四匭可說是囊括了路鼓、肺石的功能，包含了獻策、言諫、鳴冤等諸多層面。不過武則天的改制並非首創，南朝梁時，梁武帝為克服「下不達上」，也曾設置過

「謗木函」與「肺石函」，欲進言鳴冤者可以在公車府的謗木、肺石旁留函——梁武帝、武則天所創之舉，可以視爲後世信訪制度的濫觴。

## 擊鼓鳴冤的文化印記

歷經魏晉的成形與隋唐的發展，登聞鼓制度到了宋朝變得更加完善複雜。

北宋一方面新設了鼓司，另一方面將武則天設置的匭使院進行大換血，「改匭院成登聞鼓院，東延恩匭爲崇仁檢院，南招諫匭爲思諫檢院，西申冤匭爲申明檢院，北通玄匭爲招賢檢院」。後鼓司、登聞院又分別改爲登聞鼓院、登聞檢院，登聞檢院負責接受登聞鼓院應當受理而不受理的案件——其職能與後世的檢察院已經非常相近。

與唐朝層層上訴的制度不同，登聞鼓院雖負責百官及百姓向皇帝上奏啟事，但不參與審理，登聞鼓案件的審理者往往是皇帝本人。同時登聞鼓院的受理範圍可謂無所不包，「言朝政得失、公私利害、軍期機密、陳乞恩賞、理雪冤濫及奇方異術、改換問資、改正過名」均在其中，鳴冤之事只是其中的一小部分。

與兩宋相對，遼、金效仿宋制，前者設置鐘院以達民冤，後改鐘院爲登聞鼓院；後者更全盤接受登聞鼓院和登聞檢院的建制，並規定其官員女眞、漢人各一名，以化解民族矛盾。元朝同樣承襲宋制，「諭中書省，議立登聞鼓」，但將焦點收攏在「冤無所訴」的案件上。

明朝立國之初便設置了登聞鼓。洪武元年「置登聞鼓於午門外……凡民間詞訟，皆須自上而下，或府州縣省官及按察司官不為伸理，及有冤抑、機密重情，許擊登聞鼓，監察御史隨即引奏，其戶婚、田土、鬥毆相爭、軍役等項……不許擊鼓」。

從這一規定來看，洪武時期的登聞鼓制度依然立足於單一的司法救助程序，而且只針對重大案件，至於戶婚、田土等「細事」則歸有司，不得走登聞鼓程序。有明一朝治官之法極重，宣德年間，明宣宗朱瞻基擔心百姓畏懼監督登聞鼓之人而不敢擊鼓鳴冤，將登聞鼓從午門搬到長安右門，由六科給事中輪流值班，互相監督，接收擊鼓申訴上奏的案件。

明朝的言官雖然品秩不高但權位頗重，上到規諫皇帝、左右言路，下到彈劾百司、按察吏治無一不可爲，言諫職能從登聞鼓制度中剝離似有其深層原因。不過，朱元璋設置登聞鼓時，雖意在開闢鳴冤申訴之路，但借登聞鼓制度行言諫之事者依然不絕於史，甚至出現極爲暴烈的「屍諫」。文勝爲民請命，擊登聞鼓進言，最終於鼓下自縊身亡；

許天賜彈劾劉瑾，亦夜具登聞鼓狀。這兩次屍諫背後凸顯了登聞鼓強大的政治影響力。

明、清易代後，清朝承明朝舊制，於順治年間設登聞鼓，立諸都察院；並同樣改設至長安右門外。清朝未有明朝時強大的言官系統，登聞鼓制度中的言諫職能終於被剝離，而緊緊收攏在針對「冤抑之事」、「衙門不理」或「審斷不公」情形的鳴冤申訴中。不過此時的登聞鼓案件已不再由皇帝親審，而是交刑部查辦，登聞鼓「通達天庭」的意味已有所削減。

登聞鼓、肺石以及匭函制度在宋朝出現糅合的趨勢，而元朝滅南宋後，又將登聞鼓制度的適用範圍縮小，唯「許有冤者撾鼓以聞」。隨著朝代更迭，登聞鼓制度時而包括言諫，時而不包括，這一反覆的趨勢直到晚清時期最統歸於單一的司法程序，擊鼓鳴冤這一文化印記，也由此定型。

*

登聞鼓制度綜合言諫與申訴兩方面職能，經歷代而有所損益，並不能單單以司法程序視之。尤其在更爲古老的時代，皇帝置登聞鼓更看重其「廣言納諫，下情達上」的作用，其申訴職能因爲直接違反了司法程序中級別管轄的規定，朝臣對其歷來有非議之詞。早在唐朝，裴諝便有此論：

「夫諫鼓、謗木之設，所以達幽枉，延直言。今輕猾之人，援桴鳴鼓，始動天聽，竟因纖微。若然者，安用吏理乎。」

其意大致爲登聞鼓的設置原本是爲了洗冤納諫，可是現在卻成了狡猾之人隨意使用的工具，其所爭論的都是瑣碎之事，這樣要各級官吏有什麼用呢？裴諝之詞的背景是唐德宗時期出現「好訟」、「健訟」之風。這一風潮至明、清兩朝尤爲明顯，而包括登聞鼓在內的直訴制度，的確在一定程度上加速了一部分「健訟」團體的誕生。這些人所爲並非合情合理的利益，而是透過哄鬧謊狀的方式攫取超額的回報，這一點應給予客觀評價。

從宏觀上來看，登聞鼓制度打通了百姓與最高統治者的溝通管道，對於監督官員司法、減少錯案冤獄均有很大的積極作用。尤其是在晚清時期，擊鼓鳴冤逐漸成爲百姓心中的文化印記，《二十年目睹之怪現狀》所描繪的情節，又何嘗不是反映了歷代百姓對公平正義最質樸的呼聲呢？

特展 三

# 律法的線條

# 婚書禮法志
## 並不浪漫的婚姻契約論

婚姻從古至今都是人生大事。古典詩詞中歌頌愛情的作品極多，故而很多人想像古代婚姻時，往往會平添一絲浪漫色彩。然而，歷史終究不是童話，事實上，古代中國的大多數婚姻既不是「愛情的墳墓」，也不是「愛情的結晶」，而在更大程度上體現了綱常名教的宗法要求和門當戶對的現實考量。婚姻承載著「合二姓之好，上以事宗廟而下以繼後世」的重擔，其程序自然不能如今天這樣，領一張薄薄的結婚證書便大功告成。傳統婚姻關係的確立，在漫長繁瑣的六禮中，還牽涉種類繁多且功能各不相同的婚書，這些遠不只是「古代結婚證」的婚書少有後人想像的柔情蜜意，反而凸顯了古代等級制度的壁壘森嚴。

婚姻自古以來便是人生大事，然而與後人眼中的「小確幸」不同，在古代，做爲「人倫之大者」的婚姻一直承載著宗法社會下「合二姓之好，上以事宗廟而下以繼後世」的政治使命，因而爲歷朝歷代所重視，並呈現出嚴肅的一面。自古以來對於婚姻的解讀與規定，有宣揚綱常名教之義者，如《魏書．高宗紀》所言：「夫婚姻者，人道之始。是以夫婦之義，三綱之首；禮之重者，莫過於斯。」

歲月荏苒，後人很容易透過史籍的描述去勾勒婚姻制度的架構與訴求，卻很難透過這些描述去還原、回味婚姻一事在古人心中的細微感知。所幸，這些宏觀的禮儀構建之下，尚有一些更爲微觀的物件流傳下來，用相對細碎的筆觸將一代代人的男婚女嫁記述得細緻入微，爲後世留下一幅更爲清晰詳盡的「婚姻禮法圖」。這一物件，就是婚書。

顧名思義，婚書自然與婚姻相關，但其邊界卻頗難界定。古代並無嚴格意義上的「結婚證書」，婚姻締結過程中所涉及的婚書種類繁多，功能各不相同，且隨著不同朝代的律法頻繁變化，故只宜泛泛而論，將婚姻締結過程中所用的文書統稱爲婚書。當然，從廣義上來講，婚姻解除所用的休書、放妻書等也應當歸爲婚書，但在「合二姓之好」的視角下，這一類婚書在宗法社會只能被歸爲例外情況。不過，僅將婚書的範圍局限於「婚姻締結過程中所用的文書」，並不會讓這一文字載體變得更富人情味，因爲婚書所代表的往往不是古人愛情生活中的柔情蜜意，而是壁壘森嚴的等級制度。

## 六禮：宗法制中的婚書之源

中國的傳統婚姻禮儀有「三書六禮」之說。三書爲六禮過程中所用各類婚書的總稱，其內容指向六禮最爲關注的核心要素；大體而言，六禮是指古代婚姻締結所需經歷的程序。之所以要加上「大體而言」四字，是因爲六禮在不同朝代有不同的表現形式，或繁複或簡略，難以一概而論；同時六禮之儀並非面向社會所有階層，《儀禮》論及六禮的內容載於〈士昏禮〉一章，可見只通行於士大夫階層。只是這一制度歷千年而不廢，故而能夠在歲月流轉中成爲傳統婚姻習俗的代名詞。

對六禮最早且相對完備的記述見於《禮記》、《儀禮》。《禮記．昏義》明確了婚禮的「納采、問名、納吉、納徵、請期」等程序，而《儀禮．士昏禮》進一步對六禮的細節進行描述，如「納採用雁」、「賓執雁，請問名，主人許」、「請期用雁」等。詳細而論，六禮程序主要如下：

一爲納采，又稱「提親」、「執柯」、「說媒」。男方父母請媒人備好禮物向女方

《姑蘇繁華圖》局部（遼寧省博物館館藏）

父母求婚，以區別男女之間的「私約」。二爲問名，又稱「求庚」、「求八字」。女方父母在納采之後若有意結姻，男方父母則請媒人進一步詢問待嫁女子的姓名、生辰等資訊。雙方父母在此階段過門戶帖，上書姓名、年齡、上三代名號和官職等，以確定輩分，防止近親結婚。三爲納吉，又稱「合婚」、「批八字」。雙方父母在此階段過八字帖，若得到吉兆，男方父母便「復使使者往告」。四爲納徵，又稱「納幣」、「行聘」、「茶儀」。男方在納吉之後正式送聘禮至女方父母家訂婚，女方父母則以接受聘禮表示許婚。五爲請期，又稱「擇日」。男方父母確定婚期並將婚期帖送到女方父母家，女方父母同意後回帖，稱「完聘」。六爲親迎，男方親自代表父母、宗族，將女方迎娶至家。

納采、問名、納吉、納徵、請期、親迎爲六禮的正式名稱，如提親、求庚、擇日等稱謂則是六禮在後世流變形成的或雅或俗的別稱。值得一提的是，《禮記》只點明前五禮而未直接確定親迎之說；而《儀禮》則記載了「若不親迎，則婦入三月然後婿見」之後的禮儀要求，可見周朝禮制中亦以親迎爲要，若因故未能完成，尚需要透過事後的程序進行彌補。

六禮之制殊爲繁複，但周朝的確有充分的理由對婚姻進行嚴格約束。從政治層面來看，一夫一妻多妾制、嫡長子繼承制的穩定需要一套完善的婚姻制度進行維護，而宗族的穩定發展也需要透過「同姓不婚」達到避免「其生不蕃」和「娶於異姓，所以附遠厚別」的目的。從六禮所規定的種種條件來看，周朝的婚姻更近於兩個家族之間的聯姻，而非兩個人的選擇，婚姻當事人自始至終沒有決定權，新郎甚至直到六禮的最後一個環節「親迎」才有可能接觸到新娘，從中自能品味出周人對「婚姻」二字的理解。

周朝時雖然沒有發展出完善的三書，但不難看出六禮的每一環節均有「交相授書」的文字佐證，這些文字佐證便是後世求婚書、龍鳳帖、迎親書等婚書的雛形。不同朝代的婚書雖然形式不盡相同，但其代表的程序及內容基本一致，從中足以感受到周禮的重大影響。

正如《儀禮》的章目名〈士昏禮〉一樣，有周一朝「禮不下庶人」，六禮僅流行於士大夫之家。對於庶人而言，婚姻一事是不是便無禮可言了呢？

周朝庶人雖不通行六禮，但並不意味著婚姻締結可以「妄爲」。《孟子．滕文公》載：「不待父母之命、媒妁之言，鑽穴隙相窺，逾牆相從，則父母、國人皆賤之。」在沒有「父母之命、媒妁之言」的情況下「私訂終身」，甚至會落入「父母、國人皆賤之」的境地，可見庶人之間結婚也有相應程序。

相對於語氣嚴肅的《孟子》，富有浪漫主義的先秦詩歌則是若隱若現地提到了周朝的民間婚姻。《詩．齊風．南山》的「娶妻如之何？必告父母……娶妻如之何？匪媒不得」；《詩．豳風．伐柯》的「伐柯如何？匪斧不克。娶妻如何？匪媒不得」，均明確地指出媒人在庶人階層所扮演的角色。而《詩．衛風．氓》的「非我愆期，子無良媒……爾卜爾筮，體無咎言」等句，更點明了即使是庶人，也會在婚前進行占卜。若嚴格依照六禮，不太可能出現已經「爾卜爾筮」卻依然「子無良媒」的情形，從中可以推出周朝庶人階層締結婚姻的程序應當是六禮的「簡化版」。

如果說周朝庶人的婚禮僅是六禮的簡化，周朝庶人的婚書則另有一副截然不同的面孔。《周禮．地官司徒》載：「媒氏掌萬民之判。凡男女自成名以上，皆書年月日名焉。令男三十而娶，女二十而嫁。凡娶判妻入子者，皆書之。中春之月，令會男女，於是時也，奔者不禁。」

周朝已設定專門的官員媒氏「掌萬民之判」，並監管男性三十而娶，女性二十當嫁。在婚嫁過程中，對於「判妻入子」的情形，還需要專門記錄。所謂「判妻入子」，《周禮譯注》引孫詒讓「判妻蓋兼夫在而被出與夫亡而再嫁二者而言」，又引江永「防其爭訟也」，說明媒氏所書的內容並不是爲萬民占卜確定吉凶，而僅是從律法角度釐清雙方權利義務，以避免訴訟。爲了保證青年男女在適婚年齡婚嫁，朝廷甚至扮演了「公媒」

的角色，在中春之月「令會男女」——相對於士大夫階層繁複而保守的六禮，這些規定顯然更爲「奔放」。

從政治層面來看，同樣能看出這一「公媒」制度的目的。庶人婚配，在繁殖人口、擴充兵源、穩定稅收方面有重要意義，故而由專員管理，並盡可能地創造適婚男女相識的機會。庶人之間的婚禮依然需要透過媒人進行，一方面可能是爲了鞏固宗法制而避免私約的出現，另一方面很可能是朝廷借媒人實現對庶人階層婚姻的控制。

整體而言，周朝的婚書呈現出兩副面孔：士大夫階層的婚書更偏重於禮，以保護宗族利益爲重；庶人階層的婚書更偏重於法，以調整百姓權利義務爲重。古代婚書在形成伊始就天然具有極強的實用主義色彩及等級意味，感情之事反而缺席。

## 秦至唐：禮制與法治的合流

秦朝統一後以法家治國，用中央集權制、郡縣制代替周朝的宗法制，婚姻的禮教色彩被一併去除。婚姻締結的資格變得統一而剛性，以是否至官府進行婚姻登記爲標準。《法律答問》記載了兩則「指導案例」，一則關乎婚姻締結的效力：「女子甲為人妻，去亡，得及自出，小未盈六尺，當論不當？已官，當論，未官，不當論。」此處的「官」做動詞，指到官府登記，「小未盈六尺」的女子其實還未成年，但只要之前的婚姻已經登記，官府依然認可其效力；另一則關乎婚姻解除的效力：「棄妻不書，貲二甲。其棄妻亦當論不當？貲二甲。」婚姻的解除同樣需要履行登記手續，如果男方私下休妻而未登記，夫妻雙方都要繳納罰金。

秦朝二世而亡，不過其「依法治國」的策略卻部分為後世所採納。漢朝成立後，很快在士大夫階層恢復了早已崩壞的周朝禮制，父母之命、媒妁之言、兩姓之誼、三書六禮重新出現，如《白虎通》所言：「男不自專娶，女不自專嫁，必由父母。須媒妁何？遠恥防淫泆也。」便是對「父母之命」的學理解釋。而針對庶人階層，漢朝效法秦制以法家管控，透過均田制、租調制等開始嚴格的戶口登記制度，將庶人婚姻締結牢牢納入法律的控制範圍。

如果秦朝「萬世而為君」，婚書很可能從此被定型為官府所發放的婚姻憑證，傳統婚書的發展史將會是另一番景象。漢朝之後，六禮的復興導致三書重新被士大夫階層所重視，最終在魏晉時期孕育出六禮版文。

杜佑所撰《通典》載：「東晉王堪六禮辭……禮版奉案承之。」晉朝六禮已開始使用這種六禮版文，版左書「納采」二字，版中寫男方父親、媒人的名字，並書禮文。《全晉文》有王羲之所作〈與郗家論婚書〉，完整地體現當時六禮版文的格式內容：

> 十一月四日右將軍會稽內史琅玡王羲之敢致書司空高平郗公足下：上祖舒，散騎常侍、撫軍將軍、會稽內史、鎮軍儀同三司，夫人右將軍劉（闕）女，誕晏之、允之。允之，建威將軍、錢塘令、會稽都尉、義興太守、南中郎將江州刺史衛將軍，夫人散騎常侍荀文女，誕希之、仲之。及尊叔廙，平南將軍、荊州刺史、侍中驃騎將軍武陵康侯，夫人雍州刺史濟陰郗說女，誕順之、胡之、耆之、美之。內兄胡之，侍中、丹陽尹、西中郎將、司州刺史，妻常侍譙國夏侯女，誕茂之、承之。羲之妻太宰高平郗鑒女，誕玄之、凝之、肅之、徽之、操之、獻之。肅之，授中書郎驃騎諮議太子左率，不就；徽之黃門郎，獻之字子敬，少有清譽，善隸書，咄咄逼人。仰與公宿舊通家，光陰相接，承公賢女淑質直亮，確懿純美，敢欲使子敬為門閭之賓，故具書祖宗職諱，可否之言，進退唯命，羲之再拜。

〈與郗家論婚書〉是現存最早的婚書文字記載，爲王羲之爲其子王獻之求親所作。這封婚書洋洋數百字，其內容大半在講述王氏一門五代的職官履歷，以證明其身世足以與郗氏門當戶對，直到最後才談及主角王獻之「少有清譽，善隸書，咄咄逼人」和郗道茂「淑質直亮，確懿純美」。通篇而言，〈與郗家論婚書〉中豪門士族之間的聯姻意味非常明顯，這封婚書與其說是王獻之與郗道茂的婚書，倒不如說是琅琊王氏與高平郗氏的婚書。

王羲之所處的時代正是門閥士族興盛的時代，士大夫階層極重門第出身，故而六禮的等級制度被層層加碼。反觀庶人階層，縱然想要依六禮書寫婚書，又怎有如此之多的履歷供其書寫呢？這便是魏晉南北朝時期的「禮不下庶人」。個中之義，孔穎達《禮記正義》如此解讀：「『禮不下庶人者』，謂庶人貧，無物為禮，又分地是務，不服燕飲，故此禮不下與庶人行也。」依孔穎達的解釋，「禮不下庶人」是考慮到庶人貧困，無力操辦筵席、置辦禮物，故不以禮儀爲難庶人。不過究其根本，庶人階層地位低下，其權利只能從屬於士大夫階層，極端如北齊武平七年（五七六年），北齊後主高緯甚至下令「括雜户女，年二十已下，十四已上未嫁者，悉集省，隱匿者，家長處死刑」。雜户是南北朝時期地位高於奴隸的階層，這道詔令中，雜戶女與物品無異，若其自身權利都無法保障，還要依六禮操辦婚姻大事，便顯得荒唐。

兩漢、魏晉南北朝時期的婚姻禮儀以周朝六禮爲主且更重門第，這一傾向影響深遠，直到唐朝的士大夫階層依然保持著「家之婚姻必由於譜系」的要求。不過在唐朝，「三書六禮」之制又有更進一步的分化。

有唐一朝，六禮依然是士大夫階層婚姻締結必須遵守的制度。《唐律疏議．戶婚》載：「妻者，傳家事，承祭祀，既具六禮，取則二儀。」《大唐開元禮．嘉禮》更明確六禮的適用範圍包括納后、皇太子納妃、親王納妃、公主降嫁、三品以上婚、四品五品婚、六品以下婚。做爲門第的體現，六禮的通行範圍上至皇族下至各級官員，與庶民階層無涉，可說是唐朝禮制的一面。

然而唐朝同樣有法治的一面：婚書正式進入法律文本。《唐律疏議．戶婚》規定：「諸許嫁女，已報婚書及有私約（約，謂先知夫身老、幼、疾、殘、養、庶之類），而輒悔者，杖六十……雖無許婚之書，但受聘財，亦是（聘財無多少之限，酒食非。以財物為酒食者，亦同聘財）……若更許他人者，杖一百；已成者，徒一年半。」可以看出，唐朝承認民間婚書，甚至是私約的法律效力，這一點與秦朝「已官當論，未官不當論」截然不同；同時唐律所規範的主要是婚書所帶來的財產糾紛問題，更直接明確了聘財在婚約中的地位，使得唐朝的婚書在具有禮制色彩的同時，具備了契約性質——可說是唐朝婚書法治的一面。

整合而論，六禮在唐朝爲士大夫階層通行的婚姻禮儀，而婚書則面向所有人。從這個意義上來講，婚書雖非唐朝首創，但在唐朝煥發了新生命。唐朝婚書爲複書式，由正書和別紙組成。正書多虛文套話，表達求婚之意；別紙記載男女雙方姓名、年齡等基本資訊。男方父母請求婚姻所用的叫通婚書，女方父母收到後若同意將回書，這封書則是答婚書。雖然庶人階層締結婚姻不要求齊具六禮，但做爲具有法律效力的婚書，依然有較強的形式感，吳玉貴《中國風俗通史．隋唐五代卷》描寫到婚書當「用好紙，楷書寫成，放入楊木或楠木的禮函中。禮函的尺寸有重要的象徵意義，長一尺二寸，法十二月；寬一寸二分，象十二時；木板厚二分，象二儀；蓋厚三分，象三才，函內寬八分，象八節」。

唐朝婚書代表了禮制與法治的結合，是唐朝婚姻制度的一大創新。不過這一創新在當時受到非議，如顏真卿曾於建中元年（七八〇年）上奏，認爲婚書「出自近代，事無經據，請罷勿用」。顏真卿抵制婚書的理由是其「事無經據」，然而這一「事無經據」的婚書不但沒有被取締，反而生命力愈加頑強，成爲中國婚姻制度史上殊爲重要的物件。

## 宋至清：當婚書成爲格式合同

隨著時代的發展，唐朝之後社會構成出現極大的變動，婚姻締結過程中，雙方對出身門第的關注度相較前朝有所下降，形成「自五季（五代）以來，取士不問家世，婚姻不問閥閱」的局面。婚姻制度中，士大夫階層與庶人的分野變得相對模糊，這一背景也間接決定了宋朝婚姻禮制的改革方向。

「崇文抑武」的宋朝極重視禮制。彭利芸《宋代婚俗研究》評價「惟宋代禮法，上承《儀禮》、《周禮》，《禮記》為本；後集漢、晉、唐的大成」，應當說非常中肯。然而，也正是宋朝對六禮進行了大刀闊斧的改革。一方面，宋朝從法律角度擴大六禮的適用範圍，使其從皇族、品官推廣至庶人階層；另一方面，宋朝「並問名於納采，並請期於納成」，將六禮簡化為四禮，同時對六禮所用器物進行變通規定，如庶人若無法取得六禮所需的雁，「聽以雉及雞代」。這兩個政策可謂相輔相成：要擴大適用範圍就必須簡化流程，因為庶人階層很難負擔六禮的成本；而簡化流程自然對擴大適用範圍產生推動作用。可以這樣說：六禮正是在宋朝的改制之下，正式成為各階層共同的習俗。事實上，改制之後的六禮不僅因其簡潔而逐漸通行於兩宋民間，更成為後世元、明、清三朝婚禮制度的基礎；若無此改制，六禮古制能否被承襲、能承襲多少，便真的要打上一個問號。

宋朝在六禮的框架上改革甚多，但其婚書依然保持著唐朝的基本風貌，且更為細緻。

依《東京夢華錄．娶婦》載：「凡娶媳婦，先起草帖子，兩家允許，然後起細帖子，序三代名諱，議親人有服親田產官職之類。」此處的帖子是經媒人說合之後寫成的書面契約，男方、女方各執一份，第一次用相對簡略的草帖子，之後再用資訊豐富的細帖子。

《夢粱錄．嫁娶》的記載與此相似：「婚娶之禮，先憑媒氏，以草帖子通於男家。男家以草帖問卜，或禱籤，得吉無克，方回草帖。」定帖需定明「男家三代官品、職位、名諱，議親第幾位男，及官職年甲月日吉時生，父母或在堂、或不在堂，或書主婚何位尊長，或入贅，明開，將帶金銀、田土、財產、宅舍、房廊、山園，俱列帖子內」，而女方的回帖同樣要如前開寫，列明「議親第幾位娘子，年甲月日吉時生，俱列房奩、首飾、金銀、珠翠、寶器、動用、帳幔等物，及隨嫁田土、屋業、山園等」。

將宋朝的定帖與〈與郗家論婚書〉對比，會發現兩者在敘述男家官品、職位、名諱方面有相同之處，唯前者多了一絲世俗氣息，需要將「金銀、田土、財產、宅舍、房廊、山園」等財產資訊挑明。時過境遷，魏晉時單純以出身門第論英雄的時代已經過去，宋朝經濟發達，民風競奢，其婚書自然而然沾染上世俗之氣。

對於這一趨勢，宋人有不同的呼聲，《司馬氏書儀》感歎：「今世俗之貪鄙者……將嫁女，先問聘財之多少，至於立契約云：『某物若干，某物若干。』」不過這種「貪鄙之風」反過來也使宋朝的婚書更具法律意義。《刑統賦》載：「婚姻書文，開寫如鏡。嫡長次庶，相諳疾病。兩願成親，聘財已定。若有爭差，私約已定。婚書已立，各無隱諱。若有妄冒，官斷聽離。女家輒悔，科杖六十，男家自悔，聘財不追。」婚書，尤其是定帖中所書的財產資訊均將視爲男女雙方的承諾，必須對其負法律責任，其中所包含的契約精神，又遠非前朝所能相比。

宋朝婚書這一重契約屬性極爲實用，因而爲後世所繼承。元朝《元典章．戶部》更爲直接明確「今後但為婚姻議定，寫立婚書文約，明白該寫元議聘財錢物」，而且詳細規定婚書「不得用彝語虛文，須要明寫聘財禮物。婚主並媒人各各畫字。女家回書，亦寫受到聘禮數目，嫁主並媒人亦合畫字。仍將兩下婚書背面大書『合同』字樣，分付各家收執。如有詞語朦朧、別無各各畫字並『合同』字樣，爭告到官，即同假偽。」

爲了滿足婚書的法律要求，元朝刊印的應用文範本《新編事文類要啟劄青錢》也輯錄了「婚姻四六啟式」的各類格式婚書，包括「請媒啟」、「謝媒啟」、「求親啟」、「開封啟」、「問名啟」、「聘啟」、「請納采日期啟」等。與唐制相同，這些婚書均爲複書式，且據雙方身分、地位、職業不同分別開列，語氣用詞亦各有差別。至此，婚書雖依然是六禮的組成部分與文書載體，但其法律意義已經日益明顯，甚至遠遠超過了其禮制色彩。

宋、元以降，六禮、婚書的世俗意義及法律色彩一再加強，這一趨勢依然爲明、清兩朝所承襲。《大明律》規定：「凡男女訂婚之初，若有殘疾、老幼、庶出、過房、乞養者，務要兩家明白通知，各從所願，寫立婚書，依禮聘嫁。」婚書的主要用途除證明婚姻合法性之外，主要在於釐清男女雙方的權利與義務關係。當然，明朝對婚書的嚴格要求，除法律本身所需的精確外，也因媒人爲促成婚事取得「謝媒禮」而故意「俊的矜誇，醜的瞞昧」，以至於男女雙方常常無法得到對方的真實資訊，而這一情形本身，正是婚書「世俗化」的必然結果。

時至清朝，婚書進一步簡化，以至於虛詞、套話被盡數省略，直接以男女雙方基本情況爲主，這一情形在清末尤其明顯，如宣統年間的婚書甚至不寫祖上資訊，男女雙方的訂與回不過寥寥數十字。

請書式爲：「仰候玉音：眷姻弟某某某率男某某頓拜，冰人某某，乾命某年某月，宣統年月日。」允書式爲：「謹蒙金諾，眷姻弟某某某率某女頓拜，坤命某年某月，宣統年月日。」

雖以明確權利與義務爲要，但如此簡略的婚書著實令人唏噓。如果說從周朝繁複冗長的六禮到宋朝大刀闊斧的改革是婚姻制度的進化，從洋洋灑灑的〈與郗家論婚書〉到宣統年間毫無情感文采可言的格式婚書，便不知要做何解釋了。

*

古代婚書的發展源遠流長且脈絡複雜，但依然可以提煉出一個規律：婚書自古便分爲兩端，其一是士大夫階層在完成六禮過程中所需的文書，其二是朝廷爲管理庶人階層婚姻而發放的文書。前者是禮制的體現，後者是法治的代表，而二者的分野又標誌著兩套不同的管理方式。

唐、宋時期，六禮在向庶人階層擴散的過程中逐漸簡化，婚書中的禮制功能與法治功能漸漸合流，既能與簡化後的六禮相結合，又具備了明確權利、義務及契約關係的功能。宋後，婚書的法律色彩逐漸加強，最終在清朝末年剪去了所有枝蔓，濃縮成一紙憑證。民國時期，婚書格式逐漸固定，男女雙方只要到書局或文具店買一式兩份的「訂婚書」，填上相關資訊，由結婚人、介紹人、主婚人、證婚人在婚書上簽章，婚姻關係就正式成立了。

自周朝「媒氏掌萬民之判」以降，婚書的演變無不與當時特殊的經濟發展、政治制度、文化思潮緊密相關。而縱觀歷朝婚制的發展，「三書六禮」究竟能不能在總體上代表古代婚姻禮儀，又成了一個問號。眞正的六禮只通行於士大夫階層，而當它飛入尋常百姓家時，便不再是眞正的六禮了。

個中滋味，當後人翻閱歷朝林林總總的婚書時，自有不同感悟，但有一點是肯定的：婚書雖與婚姻相關聯，卻終究與感情無關。

# 古代身分證
## 符牌、傳信與戶籍制度

你要如何證明你是你？最簡單的辦法就是出示身分證。隨著資訊化時代的來臨，身分證內儲存的個人資訊日益增多，只要使用特定的設備掃描並與持有者的生物特徵相比對，就能確定一個人的身分。然而，身分證在中國歷史上畢竟是一個新生事物，它出現之前，要如何證明你是你呢？這可不是一個好解決的問題，歷朝歷代為確認百姓的身分操碎了心，發明了符牌、傳信、過所、棨信等表明身分、准入通行的憑證，並發展出一套較為健全的戶籍制度。不過古代中國最終沒有孕育出身分證，這可不是歷史的巧合，而是制度的必然。

中國歷史上，身分證是個既年輕又古老的事物。

說其年輕，是因爲直到民國時期，身分證制度才正式建立；新中國成立後，這一制度直到一九八四年立法確立。在幾千年的歷史面前，身分證年輕得像個孩子。

說其古老，是因爲古代雖然沒有普遍意義上的身分證，但其背後的戶籍制度卻幾乎與中國歷史同庚。做爲農耕文明的重要組成部分，人口自古以來便是朝廷制士處民、徵收貢賦、興發力役、組織軍旅的基本根據，是不折不扣的國之大事。梁方仲《中國歷代戶口、田地、田賦統計》針對《殷契粹編》「人三千藉」做出了「所記乃藉田的人數」的推斷，即早在商朝時期，君主對基層的控制就已經具體到個人。雖然當時商王能夠直接控制的範圍僅限於王畿，但戶籍制度的濫觴卻已然清晰。

戶籍制度的悠久與身分證制度的短暫不獨爲中國所有，背後自有人類歷史發展的共同規律。不過正如馬克思所說的「人的本質是一切社會關係的總和」，只要與社會存在交集，古人便終究避不開如何證明「我是我」的難題。那麼，古代有類似於身分證的證明材料嗎？如果沒有，人們的身分又如何標識呢？

中國古代並沒有身分證，但的確有兩樣與身分證相似的證件材料，就是符牌與傳信。相較而言，符牌側重於表明身分，傳信側重於准入通行。從功能層面看，似乎可以得出

「符牌＋傳信＝身分證」的等式，但從內涵及淵源來看，符牌、傳信與身分證只是形式相近，本質卻大不相同。

## 符牌：我們都是有身分的人

先說符牌。符牌最早是兵權及君權的象徵。史書中最爲古老的符牌當數《史記・五帝本紀》所記載的軒轅氏「北逐葷粥，合符釜山，而邑於涿鹿之阿」一句，這裡的符就是兵符。當然，五帝時期的歷史並非信史，相比之下《周禮》的記載：「珍圭以征守，以恤凶荒。牙璋以起軍旅，以治兵守。」更爲清晰，也更具說服力。

珍圭與牙璋都是符牌的一種。珍圭代表的是君權，牙璋代表的是兵權，其內涵都是某種權力的物化與延伸，大有金庸小說《笑傲江湖》中「見黑木令如見教主本人」的意味。當然，這些符信從形制上比「黑木令」還多了一重防僞功能，《說文解字》稱其「分而相合」，也就是先將一整塊符牌一分爲二，使用時雙方各執一半，合在一起以驗眞僞——現代漢語的「符合」一詞正源於此。

秦、漢以降，符牌的形制日益多樣化，衍生出節、虎符、竹使符等門類。蘇武持節

清朝內務府木腰牌（中國國家博物館館藏）

出使匈奴，所持的節正是這種符牌，大致爲一根長八尺的竹竿，其上裝飾著旄羽，代表皇帝的身分。虎符與竹使符則多爲兵符，從「銅虎符第一至第五，國家當發兵，遣使者至郡合符，符合乃聽受之」、「竹使符出入徵發」等記載來看，兩者一主發兵，一主徵兵，而且均有透過「兩相堪合」以防僞的功效。兵符多以虎形爲主，後又有魚符、龜符等形制。不過無論何種樣式，這些符牌都與身分證的內涵相去甚遠。

隨著歲月的流逝，符牌漸漸與官員的身分有了交集。唐朝時，朝廷爲了「明貴賤，應召命」，根據官員不同的品級發放金、銀、銅製的魚符，其中五品以上官員還佩有專門的魚袋。魚符分左右，左符放在內廷，右符由持有人隨身攜帶，需要時「兩相堪合」，便能確定持有人的身分。宋朝時，魚符被廢除，但魚袋保留了下來，文豪蘇東坡曾被賜予銀色魚袋，代表著朝廷命官的尊貴身分。

到了明、清時期，這種符牌漸漸褪去唐、宋時期的古韻森森，最終演變成牙牌與腰牌。明朝牙牌上除了朝臣的姓名和官職，有時還會刻上使用範圍與禁令；清朝腰牌就更為完備了，還加上編號、年齡、相貌特徵、發牌年代等，在形制上和後世的身分證已經大同小異。

即便如此，牙牌與腰牌也不宜被視為古代的身分證。這些符牌所證明的並不是某一個體的身分，而是某一階層的權力。從這個意義上來講，牙牌、腰牌與朝臣的補服一樣，首先代表官員的等級地位，而防偽功能只是基於這種等級地位的自然延伸。手握符牌的人不是「有身分證的人」，而是「有身分的人」。

## 傳信：想從這兒過，留下傳信來

再說傳信。做為傳統農業大國，古代的人口流動並不算頻繁，但終究不可避免。為了保證這種流動的正常進行，傳信便應運而生。

這裡的傳信不是「鴻雁傳書」的意思，而是古代過關津、宿驛站、乘驛站車馬的憑證。與符牌不同，傳信一般是普通吏民所使用的一次性證明，上面所記載的資訊更多，通常會載明詳細的申請和簽發過程。

《韓非子．說林上》講述道：「田成子去齊，走而之燕，鴟夷子皮負傳而眾。」這裡的傳即是傳信，有些像是身分證、介紹信、預付卡的混合體，而且其防偽方式與符牌一樣，都是「兩相堪合」。漢朝任選官員使用察舉徵辟制，受到徵召的人可以免費乘坐朝廷車馬，所使用的憑證也是傳信。漢朝傳信的材質主要有兩種，一是以繒帛製成的名繻，這一類傳至晚在戰國時期就已出現，漢朝沿用；二是刻木而成的棨，上面除記載相關資訊外，再加蓋御史大夫的印章。兩漢四百多年間，不知有多少出身寒門的子弟在這種小木條的指引下步入廟堂，成爲國家棟梁。

與傳信相似的還有過所。過所發軔於漢朝，至唐朝已經衍生出完備的制度。唐朝的過所由中央尚書省或地方都督府或州頒發，持有者可以照規定的路線旅行、進行貿易，一旦丟失，需要經過詳細審查才能補發。唐朝貿易興盛，幅員遼闊，爲了有效打擊偷漏國稅、逃避賦役、拐賣人口等活動，過所的申請手續頗爲繁複：申請者要將人數、身分、申請理由、攜帶貨物的數量、品色等詳細說明，必要時還要附交有關證件，這種繁複的背後是唐朝興盛的國際貿易。

吐魯番曾出土過一份《石染典過所》。這份過所前後缺失，但依然密密麻麻地寫了二十四行文字，加蓋「瓜州都督府之印」和幾個地方印章，持有者的出行目的、行程路線等資訊均淸晰可見。唐朝時期域外商人憑過所至中原經商者極多，從這個角度來看，過所又有些像是護照。

傳信雖然有防僞的功能，但製作程序繁瑣，在流動人口較多的邊關使用頗爲不便，於是誕生了「簡易版」的傳信——繻。《前書音義》詳細解釋了繻的由來：「舊出入關皆用傳，傳煩，因裂繻帛分持後復出，合之以為符信。」言下之意是守關的官吏嫌傳信用起來太麻煩，於是將帛撕開當證物，「兩相堪合」時，只要對比一下撕裂口便能確定眞僞。雖然少了幾分儀式感，但功效也足夠了。

除了上述傳信，還有棨這一相對特殊的傳信形式。棨除了具有通行功效，還是地位的象徵，只有皇親國戚和高級官員才可以使用，故而比起普通傳信、過所來說，更注重儀式感。棨分爲信與戟。棨信是絲質的信件，可以懸掛起來做爲徽幟；檠戟爲木質，官吏出行時可做爲儀仗，這自然是一般百姓無福消受的。

以上五花八門的傳信，是不是能看作身分證的濫觴呢？當然不能。傳信所針對的重點是「出入」這一事件，而非使用者本人，如果沒有人口流動，傳信便沒有存在的必要，與身分證的人身屬性有著本質區別。

## 戶籍：民不遷，農不移，要啥身分證

爲什麼古代誕生了符牌、傳信這種類似於身分證的證件，卻沒有孕育出身分證制度呢？這個問題可以在古代戶籍制度的發展歷程中找到答案。

早在春秋時期，晉國「損其戶數」，楚國「乃大戶」，秦國「爲戶籍」，這一系列戶籍制度都是爲了預防人口流失而設立；而爲了讓社會達到「民不遷，農不移，工賈不變」的超穩定狀態，各國又將戶籍制度與土地、賦稅制度相結合，費盡心力地將人口捆綁在自己的國境之內。楚國的戶籍冊詳細記錄了居住者的居住地與身分，宋國的戶籍冊配有相應的地圖，秦國更是將人口打造成「納稅人」的同時，達到「國境之內，丈夫、女子皆有名於上，生者著，死者削」的精細程序。

可以看出，在古代君主眼中，人口只是活動的「財產」，統治者並不希望這一「財產」

具有較強的流動性，而希望其和土地一樣便於計算、管理和利用。這種視角下，戶籍制度只是朝廷管控人口的工具，與公民權利毫無關係。秦朝自商鞅變法後，戶籍制度愈加嚴格，每個人的戶籍資訊中，甚至附有畫師所畫的「照身貼」。人口遷移時不辦理「更籍」手續即爲「闌亡」，而「捕闌亡者」有賞——這之間的故事與大航海時代美洲賞金獵人與逃亡奴隸之間的關係頗有幾分相似。

當然，囿於技術所限，看似嚴密的戶籍制度之下常有漏網之魚，比如主持變法的商鞅，遭受通緝之後便成功逃到魏國；秦朝建立後，亡命於江湖之人更不計其數，不然張良刺殺秦始皇未遂後，又怎能成爲「漢三傑」之一呢？

當人口成爲「財產」，三六九等的劃分自然不可避免。秦國的戶籍政策已有「宗室籍」、「爵籍」等高階戶籍，以區別於民籍；西漢《戶律》在將民籍整編爲「編戶齊民」的基礎上，進一步按資產劃分成「小家」、「大家」、「高貲富人」等，人口本身的「財產」屬性進一步得到強化。

自秦、漢至隋、唐，歷代的戶籍政策勾連著人口、土地與賦稅，自然不可能出現公民權的「溫床」。唐朝之後，隨著「兩稅法」的實施，稅收漸漸從以人口爲核心轉爲以資產爲核心，朝廷對人口的管控才漸漸放鬆。其後經過明朝的「一條鞭法」、清朝的「攤丁入畝」層層推進，戶籍政策與賦稅制度漸行漸遠，人口的流動由此擺脫土地的束縛。只有當戶籍政策不再成爲朝廷管控人口的工具時，做爲公民權標誌的身分證制度才有可能逐漸孕育出來。古代只有符牌與傳信，卻沒有孕育出身分證制度，其原因也在於此。

*

按照明、清兩朝的發展趨勢，身分證制度很可能在人口與土地、賦稅脫鉤的前提下逐漸發展出來。只可惜這一歷史進程終於碰撞上「歐風美雨」，清末眞正意義上的戶籍法，最終還是在「失土地、失人民」這種「國之大患」的背景下突然建立的。

宣統元年（一九〇九年），清朝頒布了《大清國籍條例》；後又以「憲政之進行無不以戶籍爲根據」爲由，「參考東西各國之良規」制定了《戶籍法》。當時的中國已淪爲半殖民地，洋人的地位高於華人，一些中國商人爲了免受官府勒索欺壓，紛紛加入外籍以尋求庇護。這部《戶籍法》的背後，滿載著一個沒落王朝的血與淚。

清朝旋即滅亡，這部《戶籍法》未來得及實施，但它在中國法制史上的地位不容忽視：在此之前，歷朝的戶籍制度都只是朝廷管控人口的工具；在此之後，戶籍制度漸漸成爲公民權的象徵，終於在民國時期孕育出眞正意義上的身分證制度。當然，民國歷史幾乎就是一部戰爭史，其戶籍制度與身分證制度不免被打上明顯的戰時烙印，日本侵華期間所扶植的日偽政權甚至確立了「分民、匪為兩線」的身分證制度，一系列如良民證、歸鄉證、通行證的「類身分證」湧現，成為另一個故事。

任何制度的建立都非朝夕之功。身分證雖然輕巧，它卻承載著中國幾千年的戶籍發展史，以及東西文化碰撞時那一段斑駁破碎的歷史。

**延伸閱讀**

戶籍制度是社會發展的必然產物，但世界各地對戶籍制度的態度卻大相徑庭。利用身分證管理人口遷徙等行為的做法在一些地區並不被接受，在另一些地區卻被視為法律中應有之義，背後所體現的是不同國家、不同民族在漫長的文明演進中，所形成的不同價值判斷標準。在古代，並非所有文明都孕育出健全的戶籍制度；在當下，也並非所有國家都有身分證——世界因不同而繽紛，法律制度也因不同而為未來保留了更多可能性。

## 杖首鳩不語
## 一柄手杖背後的尊老史

清朝曾先後舉辦過四次規模宏大的千叟宴。眾多耆老自全國各地千里迢迢前往京城參加這一盛宴，以求一睹聖上容顏；皇帝為了回應民心，在「請客吃飯」之餘，自然也不忘給予參會的耆老豐富的賞賜。這些賞賜中，有一樣器物殊為別致，那就是鳩杖。鳩杖是指杖首刻有鳩鳥的手杖，老人步履蹣跚，賜杖以助行走似乎順理成章，但鳩杖可不僅是一柄華麗的手杖而已。早在漢朝時，年過七十的老人就能由朝廷授以「王杖」，享受許多優待，而到了清朝，歷任皇帝更是屢次下詔減免七十歲以上老人家庭的賦稅徭役，反觀千叟宴的列席者，也大致以七十歲為起點。由此看來，這些鳩杖的真實身分就是「敬老卡」，背後牽連的則是古代歷經千年的尊老制度。

青銅鳩杖（紹興市柯橋區博物館館藏）

清朝，規模最大的御宴莫過於千叟宴。所謂千叟宴，指的是康熙、乾隆兩朝專門針對耆老的賜宴，其中尤以嘉慶元年（一七九六年）於寧壽宮舉辦的規模爲巨，入席及受邀而未能入席者達八千人之多，時人感歎此次千叟宴實爲萬古未有之舉。

千叟宴的舉辦是清朝尊老制度的典型體現。眾多耆老千里迢迢前往紫禁城參加御宴，所獲得的浩蕩皇恩不僅是盤中的美食，更有宴後的豐富賞賜。據《清稗類鈔》載，乾隆五十年（一七八五年）的千叟宴，三千九百餘名與宴者均受賜鳩杖；而嘉慶元年的千叟宴賞賜更豐，參宴者三千人及未入座五千人，均得到詩章、如意、鳩杖、文綺、銀牌等物。如此講「排場」的賞賜固然體現了強盛的國力，但有清一朝僅在康、乾盛世期間就舉辦了四次千叟宴，由此可以看出清朝皇帝爲體現其尊老思想所花費的代價了。

千叟宴的賞賜清單中，有一件器物殊爲別致：鳩杖。顧名思義，鳩杖是指杖首刻有鳩鳥的手杖。年長者行走不便，賜杖非常正常，但鳩的典故源於何處呢？《太平御覽》中引東漢學者應劭的《風俗通》說道：「俗說高祖（劉邦）與項羽戰，敗於京索，遁叢薄中，羽追求之，時鳩正鳴其上，追者以鳥在，無人，遂得脫。後及即位，異此鳥，故作鳩杖以賜老者。」

這個典故極具傳奇色彩，與清朝開國君主被烏鴉所救，因而奉之爲神鳥的故事亦有幾分相似。《風俗通》指出鳩的神性，卻沒有解釋爲什麼劉邦要將鳩刻於杖上並賜給老者。不過，應劭所處的時期就已有關於鳩杖的民間傳說，可以推斷出以鳩杖爲老者祝壽的習俗源遠流長。是什麼原因讓鳩、杖與老者聯繫在一起，並形成被清朝統治者繼承的習俗呢？鳩杖背後又有著怎樣的歷史底蘊與傳承呢？

這個故事要比《風俗通》裡那個眞僞難辨的傳說更加古老。

## 從「鷹化爲鳩」到「三老五更」

關於鳩，早在《周禮．夏官司馬》便有記載：「中春羅春鳥，獻鳩以養國老，行羽物。」東漢鄭玄注解時更進一步地解釋鳩與養老之間的關係：「是時鷹化為鳩，鳩與春鳥，變舊為新，宜以養老，助生氣。」

「鷹化爲鳩」是驚蟄的第三候，自然界中，鷹與鳩一隱一現，正合鄭玄所說的「變舊爲新」，於是又引申出養老的含義。除了鄭玄的解釋，《後漢書．禮儀志》提到另一種說法：「鳩者，不噎之鳥也，欲老人不噎。」這兩種解釋孰對孰錯已無法判定——或許都是後人的臆測，但這種矛盾本身就證明了鳩宜養老的習俗古已有之，絕非源於劉邦

「異此鳥」的情感因素。

杖同樣很早就與老者相聯繫，《禮記》有不少相關記載，如〈月令〉有「是月（仲秋之月）也，養衰老，授几杖，行糜粥飲食」；〈曲禮上〉有「大夫七十而致事。若不得謝，則必賜之几杖」、「謀於長者，必操几杖以從之」等。

「几杖」即坐几與手杖。既然杖是君主賜予老者的特殊禮遇，而鳩又有著「宜以養老」的文化意涵，將鳩刻於杖上的做法就不足爲奇了。與清朝千叟宴後皇帝賞賜的鳩杖相比，《禮記》中出現「必賜」、「必操」的字樣，說明在當時賜鳩杖不是偶然爲之，而是一種制度，這就要提到自三代以降的尊老傳統了。

早期農業社會的農具較簡單，耕作方式較固定，知識積累在這種循環往復的生活中極爲重要，因而具備豐富經驗的老者自然受到尊敬——鄭玄所謂的「老人更知三德五事者也」、民間流傳的「家有一老如有一寶」等諺語，背後都有此一傳統觀念的留存。

據《禮記．文王世子》所載，周朝已建立「三老五更」制度，注疏云：「三老五更各一人也，皆年老更事致仕者也。天子以父兄養之，示天下之孝悌也。名以三五者，取象三辰五星，天所因以照明天下者。」從中可以看到周天子設立的「三老」、「五更」只能由致仕（退休）的老者擔任，周朝借此舉以示孝悌之義，其中大有道德教化的成分。

與「必賜之几杖」這一榮譽相應，《禮記》各篇還列舉了數種實質性的尊老制度，如「五十養於鄉，六十養於國，七十養於學，達於諸侯。八十拜君命，一坐再至，瞽亦如之；九十使人受」，區分不同年齡段規定老者的權利；「七十者，不有大故不入朝，若有大故而入，君必與之揖讓，而後及爵者」，規定年長官員的政務優待；「八十、九十曰耄，七年曰悼。悼與耄，雖有罪，不加刑焉」，規定老者的司法豁免權。

《禮記》所載並非孤例，《儀禮．鄉飲酒禮》詳細記載了不同年齡段老者所應享有的禮儀；《周禮．秋官司寇》同樣有「一赦曰幼弱，再赦曰老旄，三赦曰蠢愚」的規定，老者在先秦時期在制度層面所受的優待由此可見一斑。

## 漢朝王杖制度的起與落

尊老制度的第一個高峰出現在漢朝，有其歷史的必然性。秦朝尚法家，政令以苛刻著稱，其二世而亡的短暫歷史給後繼的漢朝敲響了警鐘。賈誼〈過秦論〉認爲秦亡於「仁義不施」，大致能代表漢初士大夫的總體看法。

爲避免重蹈秦之覆轍，漢朝最終選擇了相對柔和寬鬆的政策，「以孝治天下」成了這一傾向的代表。秦朝所崇尚的法家思想有較強的利己主義色彩，由此造成十分嚴峻的養老及社會問題，在這一層面，漢朝大力提倡「老有所養」的尊老思想，無疑對盡快平定秦末亂世發揮了積極作用。

漢朝養老制度濫觴於漢高祖二年（西元前二〇五年）初，劉邦於巴蜀、關中地區頒布的詔令。據《漢書．高帝紀》所載：「舉民年五十以上，有修行，能帥眾為善，置以為三老，鄉一人。擇鄉三老一人為縣三老，與縣令、丞、尉以事相教，復勿繇戍。以十月賜酒肉。」《後漢書．百官志》對三老之職的描述更爲明確：「三老掌教化，凡有孝子順孫，貞女義婦，讓財救患，及學士為民法式者，皆扁表其門，以興善行。」

以上的「三老」明顯遠承自先秦的「三老五更」制度。「三老」、「五更」只局限於致仕的官員，漢朝的三老也局限於「舉民年五十以上，有修行，能帥眾」的傑出老者，故劉邦所頒詔令遠遠稱不上「佛光普照」——這一層面的尊老政策直到漢文帝劉恆時期才真正出現。

劉恆所定的尊老制度，均透過令發布。《漢書．文帝紀》詳細記載了頒布這幾道令的前因後果：「『方春和時，草木群生之物皆有以自樂，而吾百姓鰥寡孤獨窮困之人或阽於死亡，而莫之省憂，為民父母將何如？其議所以振貸之。』又曰：『老者非帛不煖，非肉不飽。今歲首，不時使人存問長老，又無布帛酒肉之賜，將何以佐天下子孫孝養其親？今聞吏稟當受鬻者，或以陳粟，豈稱養老之意哉！具為令。』有司請令縣道，年八十已上，賜米人月一石，肉二十斤，酒五斗。其九十已上，又賜帛人二匹，絮三斤。賜物及當稟鬻米者，長吏閱視，丞若尉致。不滿九十，嗇夫、令史致。二千石遣都吏循行，不稱者督之。刑者及有罪耐以上，不用此令。」

這幾道令不僅將尊老、養老的範圍拓展到除「刑者及有罪耐以上」外，所有「年八十已上」的老者，同時明確細化了尊老、養老的措施。背後的原因或許有多種，但劉恆借此「佐天下子孫孝養其親」的意圖已經非常明確。

漢朝後繼君主承襲了這一思想，如漢武帝劉徹遣使巡行天下，「賜縣三老、孝者帛，人五匹；鄉三老、弟者、力田帛，人三匹；年九十以上及鰥寡孤獨帛，人二匹，絮三斤；八十以上米，人三石。有冤失職，使者以聞，縣、鄉即賜。毋贅聚」。劉徹當國以雄才大略、好大喜功著名，其治國之策中尚有這般寬容的一面，背後不難看出漢朝「以孝治天下」的傳統。

在這樣日益濃烈的尊老氛圍下，鳩杖終於在制度層面登上歷史舞臺。本始二年（西元前七二年），漢宣帝劉詢實行王杖制度，王杖的形制正是鳩杖：「高年賜王杖，上有鳩，使百姓望見之，比於節。」漢朝官員出行持節爲憑，王杖能「比於節」，幾乎意味著王杖的持有者僅憑年長便有了半個官員的地位。東漢時期，王杖制度進一步細化。《後漢書．禮儀》記載：「年始七十者，授之以王杖，之糜粥。八十九十，禮有加賜。王杖長九尺，端以鳩鳥為飾。」

從制度層面來看，「年始七十者，授之以王杖」並沒有身分地位的限制，但實際上是否能推行到所有老者，尚難判定。不過可以確定的是，透過漢朝的王杖制度，鳩、杖與老者的聯繫從文化層面正式上升到制度層面，這種昇華最終使三者之間的文化聯繫更爲緊密。

## 清朝集大成的尊老制度

漢朝之後，王杖制度消失，偶有賜杖之舉，但與漢朝對鳩杖的熱衷已不可同日而語。西晉初期，曹魏遺臣王祥致仕後，晉武帝司馬炎下了一道頗具古意的詔：「古之致仕，不事王侯，今雖以國公留居京邑，不宜復苦以朝請。其賜几杖，不朝，大事皆諮訪之。」詔中之意，與《禮記．祭義》的「七十者，不有大故不入朝」一脈相承。

隨著朝代更迭，鳩杖漸漸從廟堂的話語體系中淡出，轉而回歸文化層面，如宋朝詩詞中「身安不用扶鳩杖，骨貴從知應虎頭」、「鳩杖龐眉鶴髮仙，詩中有史筆如椽」、「斯辰聊用祝龜齡，他年端合扶鳩杖」等句，鳩杖依然代指老者，卻沒了昔日王杖的威風。明、清兩朝設虛職「壽官」，但受賜的老者並未被授予鳩杖，而是以冠帶代之。

是不是鳩杖從此在朝堂之中消失了？將視線回轉至千叟宴的賞賜清單便能得到答案。而清朝所「復興」的不僅是鳩杖，更帶來尊老制度的第二個高峰。

清朝統治者一開始就制定了極爲優渥的尊老制度，順治帝即位時便下詔，軍民中七十以上的允許留一男丁侍養，免雜派差役；八十以上的賞賜絹一匹、帛一斤、米一石、肉十斤，九十以上的加倍賞賜。這份詔書在形式上有著明顯的漢族傳統色彩，但在力度上明顯有所加強——針對七十歲以上老者的優待不分官民，而且隨著耆老年齡的增加而賞賜愈多，這一點縱然如「以孝治天下」的漢朝也未曾做到。

尊老氛圍如此濃烈的背景下，清朝重新拾回鳩杖這一尊老器物就不足爲奇了。不過鳩杖在清朝花樣繁多的尊老賞賜中遠算不上突出，宮廷的千叟宴、民間的百歲人瑞坊都更具清朝特色——對於受賜者來說，也更「實惠」。

其中，千叟宴雖然規模龐大，但未成定制，乾隆之後畫上了休止符；而普羅大眾的百歲人瑞坊背後則有一套完整的尊老制度。清朝陳康祺《郎潛紀聞》所記，清朝有壽民、壽婦達百歲者，均由當地省督撫題請恩賞，奉旨給匾、建坊，以昭人瑞。這裡的「人瑞」特指年過百歲者。與百歲人瑞坊相應的是三十兩建坊銀，而且建坊銀還會隨著老者年歲的增長而翻倍。據《清會典事例》所載，雍正四年出現名叫蕭俊德的一百一十八歲壽民，於是朝廷又明確「年至一百一十歲加一倍賞賜；至一百二十歲者，加兩倍賞賜；更有多得壽算者，按其壽算加增，著為定例」，老者在清朝所受的尊榮，可謂前無古人。

雍正年間，朝廷命「州縣有司擇老農之勤勞儉樸，身無過舉者，歲舉一人，給以八品頂戴榮身，以示鼓勵」；乾隆帝八旬壽辰時，各省奏請加恩耆老，其中一位一百六十六歲的老壽星更是直接賞六品頂戴。明朝雖有「壽官」，但有明一朝僅授過十九次，獲銜者不過數百人，遠不能與清朝的「大氣」相比。鳩杖雖然文化意蘊豐富，但在這樣一套複雜的尊老制度下，也顯得有些平凡了。

*

中國數千年的尊老制度中，鳩杖的確是個特別的存在。它背後沉澱著三代早已模糊的尊老古制，一度在漢朝登上「神壇」，又在清朝逐漸「泯然眾器」。不過無論朝代之間的起起落落如何，鳩杖的寓意早已跳出廟堂，獲得了頑強的生命力。在民間，有一副頗爲常見的祝壽聯：「坐看溪雲忘歲月，笑扶鳩杖話桑麻。」這種飛入尋常百姓家的祝福，既是對老者的問候，也是對鳩杖的致敬。

杖首鳩不語，悠然千年期。當「三老五更」制度、王杖制度、千叟宴均已爲歷史的塵埃時，鳩杖經歷的歲月，本身或許就是尊老最好的代名詞吧！

# 夜半聽更鼓
## 宵禁裡的時間小夜曲

受到不少歷史劇的影響，很多人心中的古代夜市都是一派萬家燈火的繁榮唯美景象。唐朝曲江池畔的笙歌達旦，宋朝瓊林苑的金碧相射，明、清秦淮河的槳聲燈影……好了，如果你真有這樣的想法，請就此打住，因為這些畫面在歷史上的絕大多數時間裡都不存在，取而代之的則是「六街鼓歇行人絕，九衢茫茫空有月」的淒清景象。為什麼古代城市的夜色如此冷清？是因為人口稀少、經濟落後，還是盜賊橫行？不不不，以上都不是。白天摩肩接踵的城市在夜裡突然變成「鬼城」，是因為歷朝歷代極力推行嚴苛的宵禁制度：更鼓一響，你若不回家，怕是就回不了家了……

千年以後，當後人吟誦諸如「東風夜放花千樹」的燦爛詩句，或是觀摩《清明上河圖》的繁華圖景時，往往會在腦海中勾勒出一幅關於古代不夜城的盛世景象。唐朝曲江池畔的笙歌達旦，宋朝瓊林苑的金碧相射，明、清秦淮河的槳聲燈影……何須細想，分寸間便有多少意象湧上心頭。

然而，絕大多數的歷史時期，這一「燈火輝煌」的景色都只是空想。自先秦起，歷代王朝就奉行宵禁，愈是王城重鎮，專門夜巡的官員兵丁愈密，以此維護都市夜晚的治安。而最富盛世氣象的唐朝更是宵禁最爲嚴格的朝代，長安大多數夜晚都是「六街鼓歇行人絕，九衢茫茫空有月」的淒清景象。隨著市民階層的壯大與市場經濟的發展，宵禁在兩宋時期短暫鬆動，終又在宋後延續。那些零落在唐詩、宋詞、明清筆記裡的繁華景色，只是幾千年靜謐夜空中的片段；而眞正主宰黑夜的則是聲響悠揚綿長的更鼓。

用機械鐘錶計量和指示時間之前，更鼓是中國人計量黑夜尺度最重要的工具。然而，之所以將更鼓視爲黑夜的「主宰」，是因爲更鼓遠不只是計量時間的工具，更是決定人們是否有權通行於市井坊間的法律標識——當「天乾物燥，小心火燭」的唱詞響遍大街小巷時，每一扇緊閉的門後都鎖著森嚴的宵禁律法。

## 時間刻度：辰刻更點與晝夜

更鼓陪伴中國人長達千年，但將視角切入這件物品之前，還有兩個漫長的故事要講，第一個故事：時間計量。

掌控時間的前提是計量時間，而對於生活在工業時代之前的人們來說，計量時間並不是一件容易的事情。正如夏商民歌〈擊壤歌〉所唱的「日出而作，日入而息」，太陽及其斑駁的光影給了人們針對時間最初的計量工具。甲骨文中出現的三十四個時間術語中一半都與太陽位置有關，如旦、日中、昃等。然而，日出日落的時間畢竟會隨著地球公轉而變化，陰雨等天氣變化也常讓人無法「舉目見日」，於是在漫長的歲月中，百刻制、十二辰制和更點制等計時制度逐漸發展出來。

百刻制的出現立足於刻漏的發明。《隋書·天文志》載：「昔黃帝創觀漏水，制器取則，以分晝夜。」雖然黃帝制器本身僅是傳說，但這一記載大體能夠說明刻漏早在先秦時期就已經問世，且以水流爲原理。刻漏分漏壺和漏箭兩部分，水從漏壺底部側面流瀉，使浮在漏壺水面上的漏箭隨水面下降，由漏箭上的刻度指示時間，水相對穩定的流速使得時間計量成爲可能。將漏箭平均分爲一百等分，並對應一晝夜時間的計時制度，就是百刻制。

刻漏分為晝漏與夜漏兩種，以此來計量白天與黑夜的長短。不同地區、不同季節的晝夜長短均有變化，而漏箭上的刻度無法伸縮，於是人們便按需更換不同刻度的漏箭，這一程序被稱為「改箭」。唐朝元稹〈春六十韻〉有「晝漏頻加箭，宵暉欲半弓」之語，這裡的「加箭」恰可看作「古典主義」的夏令時制度。

十二辰制是將一晝夜分為十二等分的時辰，分別以十二地支命名。十二辰以正午為固定基準點，若用以十二辰制為基礎的日晷計時，則此時的表影正好指向正北方向。

百刻制與十二辰刻相結合，就形成古代最主要的計時制度——辰刻制。但因兩者進制不同，平均每個時辰有八又三分之一刻的折算並不方便，當西方時分秒制傳入後，清朝便果斷依西法將一百刻變更為九十六刻，每刻也由之前對應的十四．四分鐘變成了十五分鐘，當然這是後話了。

對於「日出而作」的白晝，人們需要相對精確的時間計量方式以安排事務，因而採用相對繁瑣的辰刻制，而對於「日入而息」的夜晚則是另一套邏輯。在人造光源既不普及也不穩定的時代，夜晚的時間完全沒必要精確到每一刻，於是更點制誕生了。

更點制是指將一夜分為五更，每更分為五點的計量方式。如前所述，夜晚的時長並不固定，所以每更的時間會因地點和季節的不同而有所區別。《晉書．天文志》有一段記載頗爲有趣：「夫天之晝夜以日出沒為分，人之晝夜以昏明為限。日未出二刻半而明，日入二刻半為昏，故損夜五刻以益晝，是以春秋分漏晝五十五刻。」

據此，晝夜的邊界並非以日出爲標準，而是以人眼是否能辨識昏明爲標準。日出前後分別有兩刻半尚能視物，所以便將五刻時間人爲劃分爲晝。《宋史．律曆志》也有相關記載：「冬至晝漏四十刻，夜漏六十刻；夏至晝漏六十刻，夜漏四十刻；春秋二分晝夜各五十刻。日未出前二刻半為曉，日沒後二刻半為昏，減夜五刻以益晝，謂之昏旦漏刻。」

從中可以看出，更點制雖能將夜晚五等分，但因爲夜晚總時長隨著季節更迭而變化，故而被等分的五更勢必有消長。可以說，無論是晝還是夜，其邊界均有較大的彈性。

總體而言，古代「晝用辰刻制，夜用更點制」，晝夜分制的現實凸顯出古人對白晝與黑夜兩個時段的「分而治之」：對於活動集中的白晝，計量得相對精確些；對於活動較少的夜晚，計量得相對粗糙些，這背後的實用主義態度不言而喻。

北京鼓樓

## 隔離夜色：「冬冬」聲裡的宵禁

辰刻制與更點制背後的兩套計量邏輯所折射出的遠遠不只是實用主義這麼簡單。如果說辰刻制的精確關係著朝廷的運作效率，那更點制的粗糙則對應著古代一個重要且長期實行的制度，同時也是第二個故事：宵禁。

與辰刻制不同，更點制自誕生伊始就與宵禁相關。如果辰刻制的出現是爲了讓人們更充分地利用時間，更點制的出現則讓人們與時間有了更強的疏離感。

在「日出而作，日入而息」這句具有田園牧歌風格的詩句背後，隱藏著歷代王朝對夜間活動的排斥與汙名化。夜聚曉散在絕大多數歷史時期被禁止，夜間行動往往與搶劫、盜竊、嫖妓等負面事件相聯繫，直至後唐天成二年（九二七年）還有「或僧俗不辨，或男女混居，合黨連群，夜聚明散，托宣傳於法會，潛恣縱於淫風，若不除去，實為弊惡」的敕令——夜聚曉散之「惡」，溢於言表。

對夜晚行爲進行規制的法律體現，就是宵禁制度。《周禮．秋官司寇》有「司寤氏掌夜時，以星分夜，以詔夜士夜禁。禦晨行者，禁宵行者，夜遊者」的記載，可見周朝不僅實行宵禁，還出現了司寤氏與夜士的分工。

秦朝設率更令「掌漏刻」，漢襲秦制，又設宿衛郎官、執金吾等官職「呵夜行者」、「以禁夜行」，甚至連名將李廣也不得通融，到了宵禁時間只能「宿於亭下」。當曹操任洛陽北部尉時，權宦蹇碩的叔父蹇圖違禁夜行，曹操做爲底層官吏竟敢將其處死，固然是曹操性格使然，但宵禁之嚴厲亦是重要原因。《三國志・田豫傳》中田豫以此作比，言「年過七十而以居位，譬猶鐘鳴漏盡而夜行不休，是罪人也」，可見至漢末時期，「漏盡而夜行」是爲罪的思想在士人心中是多麼根深柢固。

漢朝之後，宵禁制度一直延續，最終在唐朝與市坊制結合，將封建社會城市封閉式管理制度推向頂峰。唐朝加強了宵禁的官吏配備，以城門、坊角等處的金吾衛爲主力維持夜間秩序，同時增設左右街使「掌分查六街徼巡」，後又在御史臺下增設左右巡使加強市坊制度的維護。唐朝對宵禁一事的層層設防，由此可見一斑。

然而，較爲準確地計量時間是一回事，讓尋常百姓知道具體時間又是一回事。日常行走於市井坊間的居民不可能隨身攜帶刻漏，負責治安的官吏只能口頭傳呼警示，這顯然無法適應大城市的管理需求。在這一「剛性需求」之下，更鼓終於問世。

《舊唐書・馬周傳》記載：「先是，京城諸街，每至晨暮，遣人傳呼以警眾。（馬）周遂奏諸街置鼓，每擊以警眾，令罷傳呼，時人便之……」《大唐新語・釐革》對此進一步補充道：「舊制，京城內金吾曉暝傳呼，以戒行者。馬周獻封章，始置街鼓，俗號『冬冬』，公私便焉。」

最初的更鼓置於長安六條主要街道，故稱「街鼓」，從「時人便之」與「公私便焉」的評價可以看出依靠巡街官吏「傳呼以警眾」的方式在當時令人深感不便。街鼓發明後，與之配套的制度很快被寫入律法，《唐律疏議．卷第二十六》所引〈宮衛令〉對此規定得極爲詳細：「五更三籌，順天門擊鼓，聽人行。晝漏盡，順天門擊鼓四百槌訖，閉門。後更擊六百槌，坊門皆閉，禁人行」，並明確「諸犯夜者，笞二十。」

「冬冬」一問世，唐人便陷入了被更鼓支配的恐懼之中。《太平廣記》中不少故事對此有所涉及，如〈張無是〉中的張無是因未能在暮鼓敲絕前歸家，不得不夜宿橋下；〈田膨郎〉中的王敬弘因宵禁無法取琴於宴上助興；〈任氏〉中的鄭子「坐以候鼓」……

明人周祈《名義考》認爲，古人用刻漏計時可無視晝夜，後人爲求簡便，故用日晷與鼓代之。「從簡便也」四字看似自然，背後卻經歷了漫長的演進，在此也要感歎一聲器物進步的路漫漫其修遠兮了。

## 更鼓譙樓：跨越時代的「小夜曲」

更鼓的出現解決了時間標準的公開問題，但其功效遠稱不上徹底。唐朝寶應元年（七六二年），左金吾將軍臧希晏奏曰：「諸街鋪鼓比來依漏刻發聲，從朝堂發遠處，每至夜才到，伏望今日已後減常式一刻發聲，庶絕違犯。」

這一份上奏中透露出兩個細節：其一，更鼓的時間依據依然是漏刻；其二，更鼓起始於「朝堂」而以多米諾骨牌的形式逐步推至郊區，因而存在時間差，將導致愈邊緣的地區宵禁開始得愈晚。很明顯，唐朝的更鼓尚無法將聲音傳播到較廣的範圍，而製作工藝無法在短時間內有所突破，於是另一個方案自然浮出水面：將更鼓架高——更鼓與譙樓的結合，由此水到渠成。

譙樓即高樓。《莊子》載「君亦必無盛鶴列於麗譙之間」，郭象、成玄英均注曰：「鶴列，陳兵也；麗譙，高樓也。」《漢書．陳勝傳》有「獨守丞與戰譙門中」，顏師古注曰：「譙門，謂門上為高樓以望者耳。」可見譙樓不僅是高樓，同時有戰爭時瞭望敵情的功用，故而建於城門之上，這樣的地方用於放置傳播時間信號的更鼓再適合不過了。

譙樓與更樓的結合對於彼此來說都是一件大事。在太平盛世，譙樓承載的軍事意義難以展現，更鼓給了它新的使命；而對於更鼓來說，譙樓絕佳的地理位置又最大限度地彰顯了其報時功能。《辭源》解釋鼓樓「擊鼓為警」、「建於城隅上者，亦為報時之用」，解釋譙樓爲「建有望樓的城門」，兩者方位功能相近。

「共聞更點之分明」的譙樓鼎建後，自然而然成了夜巡的重要場所和更夫的交接基地。宵禁嚴格的唐朝，更鼓響起意味著夜間秩序的降臨，譙樓如同塵世間兩種秩序交替的節點，其建築自然需要更具標誌性。從宋人的記載來看，兩宋的譙樓規模已經非常可觀，如成都府銅壺閣，通閣上下一十有四間，高一丈六尺五寸、廣十丈、深五丈六尺；又如溧水縣的鼓樓和譙樓，樓皆五間，高五丈二尺；再如嘉泰元年（一二〇一年）重修的新淦縣譙樓，經擴建後有七間，中三間高而兩側四間低，氣勢雄渾。文天祥〈雷州重建譙樓記〉曾引虞應龍「斯樓郡以晝夜者，非大且壯，無以支永久」之言，大致非虛。

雖然《辭源》將譙樓與鼓樓混同，但兩者間還是有區別的。譙樓一般單獨出現，而鼓樓往往與鐘樓成對立於縣署東西兩側。與鼓樓、鐘樓相比，譙樓通常同時設鐘與鼓，這是由更鼓之節所決定的。一夜五更，每更五點，譙樓報時通常是更以擊鼓爲節，點以擊鐘或擊鉦爲節。時至明朝，報更及止更前後還要放「定更炮」和「明炮」，鼓與鐘相配合再間雜炮聲，方能奏出一支完整的「小夜曲」。

從歷朝譙樓的遺跡來看，兩宋時期已然修建了規模可觀的譙樓。兩宋是古代宵禁制度最爲寬鬆的朝代，宋太祖趙匡胤詔令京城夜市至三鼓以來不得禁止後，汴梁夜市呈現三更剛盡，五更又復開張的熱鬧景象，耍鬧去處更是通宵不絕。譙樓在這種情況下依然被廣泛修建，說明其計時功能同樣被廣泛認可——比起令唐人心驚膽戰的「冬冬」，宋時的譙樓倒顯得頗具人情味。

明、清時期宵禁再次嚴肅起來，通常自一更三點持續到五更三點，如遇急事難待天明者，需持特製的夜行牌才可放行，由此更鼓又成爲城市夜晚最尋常而規律的背景音。明、清兩朝無論城內的街巷還是關廂、鎮店、村莊均普遍建有柵欄與圍寨，譙樓定更以後，街市漸空，唯有「手打梆子或搖著鈴」的打更人行走在街巷之中，唱著那一段段古老的唱詞：

「凡我甲戶，致奉聖諭，謹守律法，各保身家，嚴禁盜賭，有犯連坐……」

這才是悠悠更鼓聲中最眞實的古代良夜。

*

傳統的農耕社會往往無須過於精確的時間，牌契顯示、雞人引唱等原始而富有詩意的方式足以滿足人們計量時間的需求，而更鼓正是在這一段「模糊歲月」中夜色的最佳伴侶。

從歷史的角度來看，更鼓分割了古代的晝夜時段；從文化的角度來看，更鼓更分割了古代的「陰陽兩界」。以《太平廣記》爲代表的志怪小說中，鬼神紛紛放棄了在荒郊野嶺的「清修」，轉而聚集到長安、洛陽等大城市，與人類分時段享受起世俗生活，而暮鼓與曉鼓成了兩大族群活動的分界線，每次鼓聲響起，城市都會完成一次晝與夜、陰與陽的交替。人類早出晚歸，鬼怪晝伏夜出，在極具古典浪漫主義氣息的都市怪談背後，自然是千餘年宵禁制度在尋常百姓心中烙下的印痕。

工業時代一來臨，代表著機械之力的鐘錶便統治了人們的客廳與手腕，同時重新塑造了人們的時間觀念。二十世紀初，宵禁、巡更制度紛紛被取消，陪伴了中國人千餘年的更鼓也成了眾多譙樓遺跡中的古物，看著腳步愈來愈快的人們，再無言語。

# 饗餮科舉宴
## 從鄉飲酒禮到瓊林宴

節儉是中華民族的傳統美德，「靜以修身，儉以養德」、「由儉入奢易，由奢入儉難」等警句是無數文人藉以自勉之語。不過做為「美食王國」，古代同樣孕育了一席得到朝廷力推的饕餮盛宴，那就是放榜後為與及第考生相慶所舉辦的官方大宴。在「萬般皆下品，唯有讀書高」的傳統社會，「學成文武藝，貨與帝王家」是大多數文人的夢想，朝廷也樂於見到「天下英雄入彀中」的局面。然而有一個問題依然令人疑惑：在崇尚節儉、惜糧的時代，為什麼朝廷一定要透過舉辦盛宴慶賀呢？其實吃只是「面子」，為朝廷擇賢才是「裡子」，背後隱藏著一整套歷史悠久且精細的人才選拔制度。一言以蔽之，吃是一項制度，意義重大，使命非凡。

做爲傳統的農耕文明古國，歷代王朝中，上至王侯將相，下至尋常百姓，家訓每每少不了關於節儉的語句。如諸葛亮〈誡子書〉的「靜以修身，儉以養德」，司馬光〈訓儉示康〉的「由儉入奢易，由奢入儉難」，甚至唐太宗李世民所撰的《帝範》也有「誡盈」、「崇儉」二篇，以誡後世爲人君者「存乎節儉」。

如石崇、王愷般有能力「並窮綺麗，以飾輿服」的人畢竟少之又少，所謂「民以食爲天」，節儉觀念最常見的投射就是惜糧。歷朝筆記小說中多有帝王訓誡子孫惜糧之典，如劉餗《隋唐嘉話》云：「太宗使宇文士及割肉，以餅拭手，帝屢目焉，士及佯為不悟，更徐拭而便啗之。」宇文士及於唐太宗時拜中書令，已是正三品的高官，地位如此顯赫者尚不敢將席間拭手的麵餅丟棄而食盡，朝中節儉觀念之深，不言而喻。

然而就在崇尚節儉的同時，古代又有一席朝廷力推的饕餮大宴——科舉宴。所謂科舉宴，大體是指科舉制確定後，朝廷爲與及第考生相慶所舉辦的官方大宴。科舉宴名目繁多，如鹿鳴宴、會武宴、鷹揚宴、聞喜宴、恩榮宴等，其中「瓊林宴」這一稱呼多見於戲劇而更廣爲人知，如《三俠五義》便有一齣「瓊林宴」，結尾正是新科狀元范仲禹金殿傳臚，恩賜瓊林宴。在「萬般皆下品，唯有讀書高」的傳統社會，科舉制自誕生後便成了讀書人最重要的入仕通道，朝廷賜宴慶祝似也順理成章，然而細思之下，此舉卻大有可探究之處：慶賀的方式極多，爲何一定要以宴會的形式？在崇尚節儉、惜糧的時代，如何將科舉宴與傳統儒家道德相結合，使這種鋪張得到接受？

答案似乎有些讓人意外：在美食之邦中國，早在科舉制和儒家思想尚未誕生時，飲食就已經與官員選拔緊密結合在一起了。從這個角度而言，爲「新科狀元」賜宴，不過是對古老傳統的繼承而已……

## 鄉飲酒禮：尚齒與賓賢

提及科舉宴之前，要先將視角放到周朝的鄉飲酒禮之制上。所謂鄉飲酒禮，發軔於周朝古禮，《周禮．春官宗伯》將周朝禮制分爲吉、凶、軍、賓、嘉五種，其中「以嘉禮親萬民，以飲食之禮親宗族兄弟」，而鄉飲酒禮就是嘉禮中的重要形式。至於其程序，《儀禮．鄉飲酒禮》的記載詳盡到甚至有些繁複，從中亦可見這一禮制的古老與成熟。

「親萬民」看似與後世的科舉制無關，細品之下卻並非如此。賈公彥《儀禮注疏》載：「凡飲酒之禮，其名有四案：此賓賢能謂之鄉飲酒，一也；又案《鄉飲酒義》云，『六十者坐，五十者立侍』……」孔穎達《禮記正義》載：「（鄉飲酒禮）凡有四事，一則三年賓賢能，二則……」鄭玄《三禮目錄》更注明：「諸侯之鄉大夫，三年大比，獻賢能者於其君，以禮賓之，與之飲酒。」從中易知進賢一事是鄉飲酒禮的重要功用之一，這就與科舉制的目的不謀而合了。

既是進賢，自然不能草率行事，「三年將獻賢」、「三年賓賢能」等描述大致勾勒出鄉飲酒禮的周期。結合《周禮．地官司徒》中「三年則大比，考其德行、道藝，而興賢者、能者。鄉老及鄉大夫帥其吏與其眾寡，以禮禮賓之」的記載，可以得知周朝進賢的鄉飲酒禮三年舉辦一次。

由此，鄉飲酒禮得以與周朝教育制度相結合：周朝於國學外設各級鄉學以教化子民，同時以三年爲期，每隔三年由鄉大夫舉辦鄉飲酒禮，邀請學業有成的賢能者參加，並將這些人才推薦給諸侯乃至天子。何爲「賢能者」呢？鄭玄《周禮注疏》解釋「賢者」即「有德行者」，「能者」即「有

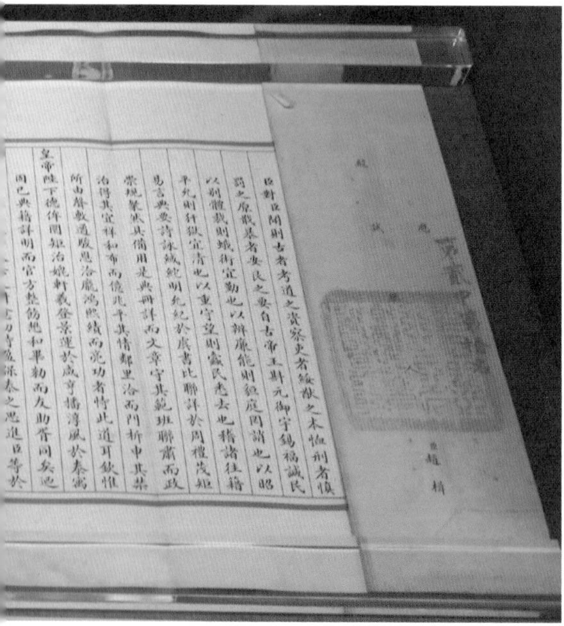

道藝者」，又云「考其德行」者，即「鄉大夫以鄉三物教萬民，遂考校其萬民有六德六行之賢者」，「察其道藝」者，即「萬民之中有六藝者，並擬賓之」。由此看來，將周朝的六德、六行、六藝視爲鄉學的課程，將鄉飲酒禮視爲鄉學的考試並無不可，科舉宴前的草蛇灰線由此便已埋下。

事實上，相較於進賢，鄉飲酒禮對後世影響更深的是尊老之功用。《儀禮．鄉飲酒禮》詳細記載針對不同年齡段老者所應採取的禮儀，對此大量儒家經典均多有論述。秦、漢之後，鄉飲酒禮中明尊卑長幼之序、尊老尚齒以成孝悌的禮義色彩日益濃

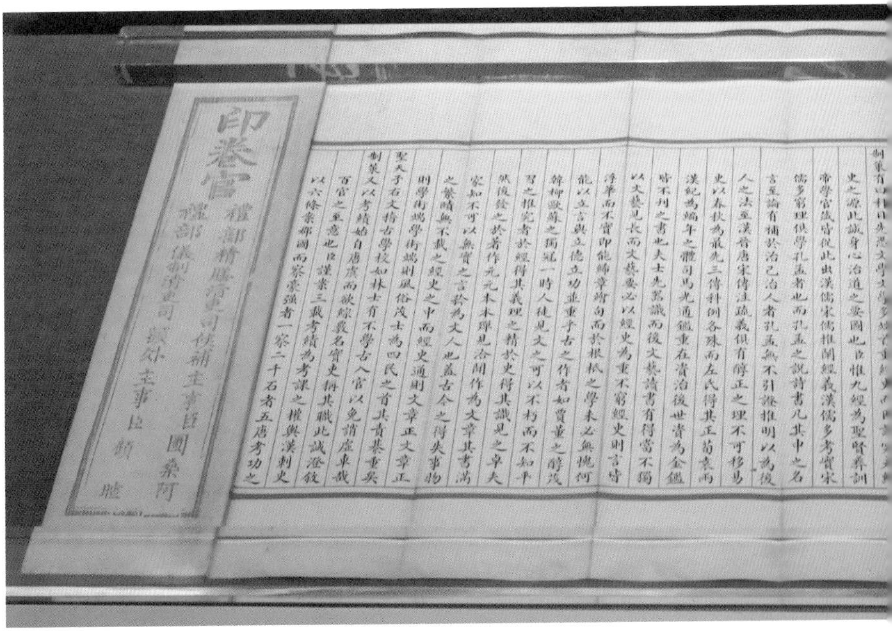

清道光十六年二甲第十名趙楫的殿試卷（首都博物館館藏）

厚，如漢昭帝始元六年（西元前八一年）鹽鐵會議，論辯者即有「鄉飲酒之禮，耆老異饌，所以優耆耄而明養老也」的論點；東漢時地方郡國學校十月舉行鄉飲酒禮，遵循的亦是尊老尙齒、明長幼之序以正齒位之說。

當然，尊老之意固然影響深遠，但進賢的功用也未從鄉飲酒禮中消失。漢代州郡舉送人才之時，即有「以禮發遣」的儀式，與周代鄉飲酒禮「賓賢能」之舉顯然淵源頗深。隋朝開皇七年（五八七年）實施貢舉時，又規定各州貢士須於州學舉行賓貢之禮。雖然未能明確此時的賓貢之禮與周朝鄉飲酒禮的相似程度，但從唐朝的典籍可以推測出賓貢之禮與鄉飲酒禮的合二爲一，如杜佑《通典．選舉》記載的「行鄉飲酒禮，送於兵部」，《新唐書．選舉志》的「亦以鄉飲酒禮送兵部」——唐朝地方於貢舉人時舉行鄉飲酒禮做爲餞行，當無疑義。

從周至唐，從鄉飲酒禮到賓貢之禮，宴席與進賢（即官員選拔）的聯繫日益緊密且制度化，最終醞釀出鋪張華麗的科舉宴。

# 曲江宴：盛唐的一春宴會

唐朝「沿隋法漢」，其賴以爲朝廷選拔官員的科舉制與周朝的鄉飲酒禮的進賢意旨可謂殊途同歸，由此透過賜宴爲那些即將踏入仕途的進士慶賀，便是順理成章之事。而做爲歷代最富庶強大的王朝之一，有唐一朝針對進士所舉辦、設立的宴遊活動，其名目之多、規模之大、奢靡之甚的確不負「盛唐氣象」。僅據王定保《唐摭言》卷三所載宴名，即有大相識、次相識、小相識、聞喜、櫻桃、月燈打球、牡丹、看佛牙、關宴等。而最盛大者，莫過於其中的關宴，即曲江宴。

曲江宴，可以說是唐朝進士金榜題名的代名詞，然而其最初的舉辦者卻是一群落第舉人，後來才變成及第進士的盛宴。《唐摭言》同樣記載了這一演變歷程：「曲江大會比為下第舉人，其筵席簡率，器皿皆隔山拋之，屬比之席地幕天，殆不相遠。爾來漸加侈靡，皆為上列所據，向之下第舉人不復預矣。」

曲江宴於吏部關試之後舉行，因此被稱爲「關宴」；而之所以有曲江宴之名，源於其舉辦地——曲江池。曲江池又名芙蓉池，原本爲水庫，神龍年間以後漸漸發展爲長安一大風景名勝。杜甫曾有〈曲江二首〉云：「朝回日日典春衣，每日江頭盡醉歸。」曲江池的景致由此可見一斑。不過，從《唐國史補》可以推斷出曲江宴乃由民間落第舉人所創，而非朝廷正式賜宴，與宋朝的瓊林宴有較大區別。

開元年間，以曲江宴爲代表的科舉宴已蔚爲大觀，《唐摭言》對曲江宴的描述頗爲細緻全面：「曲江大會，則先牒教坊請奏，上御紫雲樓，垂簾觀焉。時或擬作樂，則為之移日。故曹松詩云：『追遊若遇三清樂，行從應妨一日春。』敕下後，人置被袋，例以圖障、酒器、錢絹實其中，逢花即飲。故張籍詩云：『無人不借花園宿，到處皆攜酒器行。』其被袋，狀元、錄事同檢點，闕一則罰金。曲江之宴，行市羅列，長安幾於半空。公卿家率以其日揀選東床，車馬闐塞，莫可殫述。」

同時期唐詩也不乏描寫曲江宴盛大繁華的詩句。如劉滄〈及第後宴曲江〉：「及第新春選勝遊，杏園初宴曲江頭。紫毫粉壁題仙籍，柳色簫聲拂御樓。霽景露光明遠岸，晚空山翠墜芳洲。歸時不省花間醉，綺陌香車似水流。」秦韜玉〈曲江〉：「曲沼深塘躍錦鱗，槐煙徑裡碧波新。此中境既無佳境，他處春應不是春。金榜真仙開樂席，銀鞍公子醉花塵。明年二月重來看，好共東風作主人。」好一句「此中境既無佳境，他處春應不是春」，曲江宴上的風流，及第進士的得意，唯有孟郊「春風得意馬蹄疾，一日看盡長安花」能與之呼應。

曲江宴規模如此，自然需要相應的組織籌備。據《唐國史補》所載，當時負責籌辦曲江宴的是長安城內一群「自相鳩集」的遊手之民，主管名爲何士參，其組織則自稱「進士團」，又稱「團司」。錢易《南部新書》有「進士團」的市場化運作方式：「一春宴會，有何士參者都主其事，多有欠其宴罰錢者，須待納足，始肯置宴。蓋未過此宴，不得出京，人戲謂『何士參索債宴』。」這裡的「一春宴會」應當不止曲江宴，也就是說新錄進士的春季宴會活動均由「進士團」代辦，何士參先行預墊費用，直到關宴時將欠帳結清。

長安的「一春宴會」名目繁多，其中恐有不少寒門進士無錢置宴，往往要舉債還款，以至於鬧出「何士參索債宴」的典故。進士的這一境遇直到後唐天成二年才改變，後唐明宗李嗣源敕令「新及第進士有聞喜宴，逐年賜錢四十萬」，聞喜宴由此眞正變成朝廷賜宴。

## 瓊林宴：兩宋的天子門生

唐朝的關宴需由進士自己醵金設宴，五代、兩宋時期漸變爲朝廷賜宴，其背後的政治脈絡頗爲複雜。經歷漫長的戰亂年代後，中原王朝的文臣及武將系統步入了轉型期，至宋朝後，文人當政的傾向日趨明顯，這一群體與政治的關係遠非唐朝時期所能相比。與此同時，宋朝亦針對科舉制進行變革，皇帝主持殿試成爲常制，一方面提高了文人的殊榮，另一方面所有及第進士都成了「天子門生」。既然開科取士背後是皇恩浩蕩，由皇帝對及第進士賜宴就再合適不過了。

殿試後，皇帝依進士名次賜宴於瓊林苑，便是日後常見於戲曲的瓊林宴之名由來。不過，瓊林宴之名有些反覆，《宋史．樂志》載：「政和二年，賜貢士聞喜宴於辟雍，仍用雅樂，罷瓊林苑宴。」可見政和二年（一一一二年）瓊林宴曾更名爲「聞喜宴」。那麼問題來了：唐朝時關宴因設於曲江池而得名曲江宴，宋朝因地設宴命名爲瓊林宴，如果要恢復宴名，爲何採用「聞喜」之名？

這裡要細究一下聞喜宴與關宴的區別。李燾《續資治通鑑長編》載：「唐時禮部放榜之後，醵飲於曲江，號曰『聞喜宴』。」可見聞喜宴是新進士初放榜時舉行的宴飲活動；而關宴則直到在吏部關試之後才舉行。宋朝君王既然要將金榜題名與皇恩浩蕩相結合，自是於皇帝御宣登科進士名次後直接賜宴爲佳，更不必說此時正值新進士初聞放榜的消息，其喜悅激動之情最爲強烈。

宋朝將瓊林宴復名爲聞喜宴，有更深的政治訴求。值得一提的是，唐朝的聞喜宴、關宴均設於曲江池，兩者都與科舉相關，相似的舉辦地點、目的和參與者相互重疊，導致聞喜宴、曲江宴、關宴這三個概念在後人眼中往往容易被混淆。事實上從後唐「新及第進士有聞喜宴、關宴，今後逐年賜錢四十萬」這一道敕令中就能看出，聞喜宴與關宴並不相同。

瓊林宴的菜單並沒有流傳下來，但瓊林苑與曲江池卻可以作比。瓊林苑位於宋都汴京，宋初始置，直至徽宗時最終建成，其建造歷程幾乎貫穿了整個北宋。正如其名，瓊林苑堪稱人間仙境。孟元老《東京夢華錄》描述瓊林苑的風光：「大門牙道，皆古松怪柏。兩旁有石榴園、櫻桃園之類，各有亭榭，多是酒家所占。苑之東南隅，政和間創築華觜岡，高數十丈，上有橫觀層樓，金碧相射，下有錦石纏道，寶砌池塘，柳鎖虹橋，花縈鳳舸，其花皆素馨、茉莉、山丹、瑞香、含笑、麝香等閩、廣、二浙所進南花。有月池、梅亭牡丹之類，諸亭不可悉數。」設宴之地已經富麗如此，瓊林宴有多豐盛也就不難想像了。

*

無論是唐朝的「一春宴會」，還是宋朝的瓊林宴，可謂既源於鄉飲酒禮，又與時俱進演化出更深的內涵；而由唐至宋，科舉宴由進士自行設宴變成由天子賜宴，背後又能細究出多少「一朝天子一朝臣」的細節。

宋室南遷後，仍沿用瓊林宴之名。南宋滅亡後，爲進士賜宴的習俗雖然保留了下來，但終究物是人非。元代改瓊林宴爲恩榮宴，設於翰林院；明宣德後，賜宴於禮部，清代因襲。明、清兩朝的恩榮宴雖然也稱得上華麗，但氣氛嚴肅，繁文縟節，遠不復唐、宋時期（尤其是唐朝時）的自由氣象。晚清時分，隨著朝廷的衰敗，恩榮宴更無「恩榮」可言。

商衍鎏《清代科舉考試述錄及有關著作》提及這一宴會風俗的沒落：「主考、監臨、學政、內外簾官、新科舉人皆與宴……然後以次入座開宴。乾隆前猶豐席盛饌，禮樂彬彬，後則清酒一尊，肴僅形式，歌〈鹿鳴〉之章作魁星舞。歌舞甫歇，而搶宴者又紛起，相沿成習，禁亦不止。」

時也，勢也。從「此中境既無佳境，他處春應不是春」到「禁亦不止」的搶宴習俗，延續千年的科舉制走到了終點，而中國也迎來一個嶄新的時代。

特展　四

# 獄讞的規矩

# 獬豸的肚子
## 人類最古老的法律「萌獸」

古人眼中的正義觀和道德觀是什麼？為了實現這些正義與道德，他們制定了怎樣的律法與刑罰制度？他們如何推行這些制度，並在此基礎上做了怎樣的審判？千年之後的我們當然不可能直接去詢問古人，只能透過一件件法律文物來推測已經遠去的世界。將我們的疑問當作考題，各個文明交出的答案卷就是其最古老的法典和判例：古羅馬人交了《十二銅表法》，古巴比倫人交了《漢摩拉比法典》，蘇美人交了《烏爾納姆法典》……中國人呢？答案是一隻肚子裡「有料」的「萌獸」——獬豸。當然，「萌」只是它的外表，獬豸背後的周朝律法，依然少不了嚴酷凌厲。

如果將制度視爲社會運作的基礎，人類文明史也是一部法典史。鐫刻或書寫於各種材質上的法典記錄了人類社會曾經的運行方式，讓後人沉浸在過往榮光時得以管窺那些已遺失世界的肌理。古人眼中的正義和道德是什麼？他們如何看待罪行，又爲此設計了多少刑罰？他們如何把那些富有神祕氣息的條文推行至普羅大眾的世界？

面對這一系列問題，不同文明給出了自己的答案。西元前五世紀中國的《法經》和古羅馬的《十二銅表法》（Laws of the Twelve Tables）、西元前十八世紀古巴比倫的《漢摩拉比法典》（Code of Hammurabi）、西元前二十一世紀蘇美的《烏爾納姆法典》（Code of Ur-Nammu）……這些人類法制史上無法跨越的法典，用不同的文字展現了各自文明的獨特氣質，同時讓後人感受到人類早期法律制度的殘忍凜冽，如《漢摩拉比法典》中常見的「挖眼」、「斷骨」刑，或是中國三代時期通行甚久的墨、劓、剕、宮、大辟「五刑」曾普遍出現於多個文明的法典中。這些法律文件拓展著人類法制史上限的同時，也拓展著人類血腥程度的上限。

這樣的氛圍裡，中國最古老的「青銅法典」𠑇匜就顯得有些可愛了。當然這裡的「可愛」指的不是其內容——做爲比《法經》還古老的法律文件，𠑇匜上的文字也出現了關於「鞭刑」、「墨刑」的相關記載；而做爲一件承載著這些殘酷字句的青銅器，𠑇匜卻偏偏有著一個可愛屬性極強的外形，爲人類古老的法制歲月留下了一筆不一樣的印記。

## 這個「萌獸」很厲害

相比於中國法律文化的圖騰獬豸，倂匜無疑更像是一頭「萌獸」。倂匜在一九七五年二月於陝西岐山出土，西周製成，青銅材質，長橢形，蓋前端爲虎頭，四足爲羊蹄，鋬手爲獸首屈舌，蓋面爲琵琶形。從文字描述來看，倂匜似乎應當給人以獰厲威嚴之感——在其被鑄造之初也一定如此——但隨著數千年人類審美的變遷，以今人的眼光來看，反而有些「反差萌」：一隻青銅「小羊羔」，卻配了一個面目猙獰且威嚴的獸頭蓋子，更有趣的是虎頭處張著的嘴如同倂匜咧嘴而笑，實在讓人忍俊不禁。

倂匜屬於匜。匜是先秦時代重要的禮器之一，主要用於「沃盥之禮」，其功用幾經流變，最後定型爲舀水器，與後世的瓢相似。「奉匜沃盥」是先秦諸多禮儀中非常重要的一環，《春秋左氏傳》中「晉公子重耳之亡」的故事曾講到一個情節：「秦伯納女五人，懷嬴與焉。奉匜沃盥，既而揮之。怒曰：『秦晉匹也，何以卑我？』公子懼，降服而囚。」講的是重耳娶親的「奉匜沃盥」這一環節，沒有等懷嬴將毛巾遞上就先揮手甩水，被認爲是對女方的大不敬。雖然這一段故事背景特殊，但可以看出「沃盥之禮」以及承載這一禮儀的匜在先秦人心中有多麼重要的地位。

既是禮器，匜的象徵性自然遠遠大於其實用性。漢朝之前的匜多爲青銅所製，如此沉重的「瓢」用起來自然不太方便，然而這種「不方便」反而愈加凸顯了匜的地位，單憑一個「匜」字，也能大致了解𠑇匜的歷史氣質。

然而𠑇匜之所以被稱爲「青銅法典」，並非源於匜的「地位」，而是因爲它的「內涵」：𠑇匜器蓋和腹底內壁共有一百五十七個字的銘文，這段銘文不僅詳細介紹了一起奴隸所有權案件一波三折的經過，還包含本

春秋「齊侯子行」青銅匜（中國國家博物館館藏）

案司法官做出修改的前後兩個版本的判詞。也就是說，𠑊匜這頭「萌獸」的肚子裡藏著中國目前發現最早、最完整的案件實錄以及判決文書。

僅僅是這一項已經非常難得，而更難得的是這些銘文以短短的篇幅將當時的法律體系、刑罰規範、訴訟程序，甚至是法官的自由心證都清晰地傳達出來，爲後人研究西周時期的法律制度提供了珍貴的資料。

關於這類銘文的價值，郭沫若有一段精闢的論述：「（文字史料）已屢經傳寫、屢經隸定，簡篇每有奪亂，文辭復多竄改，做為史料，不無疑難。而彝銘除少數偽器觸目可辨者外，雖則一字一句均古人之真跡也。是其可貴，似未可同列而論。」

這裡的「彝銘」指的就是青銅器上的銘文，因祭祀用器又稱彝器而得名。與文字史料容易被後人誤改、竄改不同，這些銘文刻於金屬之上，歷久彌堅，故均是古人之眞跡。據考證，𠑊匜大約製於周厲王或周宣王時期，至其出土時已在陝西岐山的窖穴中埋藏了二千八百餘年——可想而知，𠑊匜所呈現的一字一句裡飽含著中華民族多少厚重與滄桑的歷史。

## 「萌獸」肚裡有什麼料？

㑋匜肚子裡到底有什麼料，能讓後世學者如此驚豔呢？隨著歲月與文化的變遷，這段銘文如今讀來與「㑋匜」這個名字一樣生僻拗口，學術界對其斷句、表意等沒有達成一致意見。不過，我們可從中國國家博物館的展品簡介中了解這段蓋銘的大概內容。

從這一故事可以清晰地了解案情經過：牧牛與其上司朕因為五個奴隸的歸屬提起訴訟。法官伯揚父認為其誣告上司，命其返還五名奴隸，並起誓不再為此事提起訴訟。按律，牧牛會受鞭刑一千及墨刑，但伯揚父赦免了牧牛的五百鞭，另五百鞭改為交罰金三百鍰。牧牛立誓並繳納罰金之後，朕將這一文書刻到㑋匜之上。

㑋匜銘文的具體釋義在細節上尚有爭議，比如有學者認為不是讓牧牛返還五名奴隸，而是他的誓言必須讓五個人相信才會生效，伯揚父赦免牧牛不是一次而是兩次等。不過依通說，大致可以將其定性為「牧牛訴朕奴隸所有權糾紛案」。同時，中國古代法制有「民刑不分，諸法合體」的特徵，這個民事案件到最後居然觸及了刑律，甚至一度要動用墨刑，西周法律之嚴酷，由此可見一斑。

案情大致了解了，判決文書也明確了，這段銘文還有什麼非凡之處呢？所謂「外行

西周𠑇匜的蓋銘及釋義（岐山縣博物館館藏）

看熱鬧，內行看門道」，從𠑇匜銘文這一段小小的案例中，其實能分析出西周法律制度乃至社會制度的諸多細節。

## 𠑇匜背後的時代命題

𠑇匜銘文看似是一起普通的民事轉刑事案件，但其實案情的關鍵不在於「誣告」，而在於這是一場「以下犯上」的訴訟。

這裡的原告（同時也是被告人）牧牛不是人名而是官職名。《周禮．地官司徒》有關於「牧人」、「牛人」的記載，牧牛應當是管理祭祀中「六牲」的中下級官員。朕是人名，銘文中明確其官職爲「師」，推測朕可能是《周禮．夏官司馬》記載的「牧師」，縱然不是這樣的高官，也依然是牧牛的上司。

伯揚父判牧牛敗訴的原因也在這裡：「汝敢以乃師訟！」言下之意，下級官員與上司爭訟本身就是違法的。周朝實行以宗法等級爲基礎的分封制，《左傳》將其概括爲「天子建國，諸侯立家，卿置側室，大夫有二宗，士有隸子弟」。牧牛與朕爭訟，大致相當於「士」與「卿」爭訟，當然要嚴懲不貸。

在「以下犯上」即爲罪的時代背景之下，牧牛無論是否敗訴，這個民事案件都會自然轉化成刑事案件，所以伯揚父直接對牧牛進行判刑：鞭一千、墨刑。「鞭」好理解，「墨」作何解呢？

奴隸制下的周朝刑罰極爲嚴酷，其「五刑」包括墨、劓、刵、宮、大辟，墨刑最輕，是指在犯人臉上刺字，然後「以墨窒之」，使其成爲一生的恥辱印記。不過這一案件中，牧牛最終沒有被施以墨刑，因爲伯揚父馬上對牧牛「大赦」，用財產刑代替本應承擔的肉刑。

赦免是一項歷史悠久的法律制度，主要包括大赦和特赦，分別針對不特定或特定犯人實施，「十惡不赦」的「赦」即指赦免，意爲十種重罪不能被赦免。本案的赦免僅針對牧牛一人，用法近乎法官的自由裁量權，與赦免制度並非同一概念。

大赦也是歷朝均有的一種法律制度，多在皇帝登基、更換年號或立皇后、太子等情況下由皇帝發出，藉以施恩。不過大赦通常針對不特定的犯罪嫌疑人，而本案中，伯揚父的大赦僅針對牧牛一人，因此更近乎法官的自由裁量權。

有趣的事情來了：伯揚父以財產刑代替肉刑，於是牧牛交了三百罰鍰，這些罰金去向何方了？有學者提出是進了伯揚父的腰包，並認爲這是最早明文記載的官員「受賄」案。這一推斷有諸多不合理之處：本案當著周王之面審理，這樣的情況下「受賄」而改判，未免太肆無忌憚了；縱然伯揚父明火執仗，也不會命令屬下記錄在冊，更不會任由朕記載在青銅器上留於後世。

合理的解釋是，對犯人科以罰金以免除肉刑是西周時期正常的法律制度，也有明確記載。《尚書．呂刑》有言：「墨辟疑赦，其罰百鍰，閱實其罪……大辟疑赦，其罰六百鍰，閱實其罪。」不同刑罰轉換成不同數額的罰金可謂早有定制，而轉換的條件便是「疑」。

所謂「疑」，就是案情不能排除合理懷疑，即依已有的證據不能確定犯罪嫌疑人是否眞的構成犯罪。現代刑法以「罪疑從無」爲原則，西周時期則是「罪疑從輕」——還是要「閱實其罪」，但可以轉換成較輕的罰金。當然前提是犯罪嫌疑人有足夠的支付能力，牧牛畢竟是下級官吏，換作百姓，恐怕伯揚父也不會施以大赦了。

*

嚴格來說，㑊匜銘文只是一個判例，但是這個判例如同萬花筒，每換一個角度就能看到不一樣的顏色。比如本案審理的地點是周王的行宮，可能意味著西周時期有重大案件向國君上報的制度；又如牧牛與㑊均「出庭」，表明當事人雙方出庭的原則；再如伯揚父在案件審理後，令下屬記錄在冊，更成爲當時已有司法檔案的明證……

相比於中國傳統司法神獸獬豸，㑊匜的外形也有其非凡之處：獸頭與羊足無疑與獬豸神形俱似；漢字的「法」爲「灋」，《說文解字》云：「灋，刑也，平之如水，從水；廌，所以觸不直者去之，從去。」而匜又是盛水的器皿，其中的巧合著實意味深長。

㑊匜銘文被譽爲「青銅法典」可謂實至名歸，但這些考據與推測只是冰山一角。毫無疑問，這頭「萌獸」的肚子裡還有更多祕密，只待時機合適，將向世界娓娓道來。

## 延伸閱讀

中國不是判例法國家，從這個角度來看，儆匜這個古老的判例似乎有些特別，甚至另類。但事實上，一切法律制度的建構都不可避免地取材於具體案例——尤其是那些具有代表性的經典案例。直到當下，最高法院的判決公開可查詢。雖然這些判決沒有鐫刻在青銅器上，但無異於新時代的儆匜，爲當代法律人提供指導的同時，也爲後世保留了時代的印記。

## 獬豸的決疑
### 並不存在的東方神判

如果說西方法律文化中的圖騰是正義女神，中國法律文化中的神靈則非獬豸莫屬。「法」的漢字為「灋」，《說文解字》解讀：「灋，刑也，平之如水，從水；廌，所以觸不直者去之，從去。」其中「平之如水」和「觸不直者去之」都容易理解，廌是什麼呢？其實就是中國的法律神獸獬豸——直到今天，很多法院會在廣場或大廳放置一尊獬豸雕像。很多法律學者都透過獬豸與正義女神的不同來解讀中西方法律文化的差異：獬豸有一雙火眼金睛，能夠判斷是非曲直；而正義女神卻要蒙著眼，以此尋求公正。前者更注重實質正義，而後者更注重程序正義，這種差異一直貫穿中華法系、歐洲大陸法系與海洋法系的發展，事實果真如此嗎？

如果說歐美地區法院門前的標誌性建築是正義女神像，中國法院則通常是一尊與麒麟相仿但頭上只有一隻角的神獸雕塑，這尊神獸便是獬豸。

獬豸背後有著怎樣的故事，能讓它在當代中國司法體系中依然占有一席之地？這隻神獸又何以成為中國法律人的圖騰，千年之後依然指引著司法者前進的方向？

## 神仙體系中的異類

中國傳統神仙體系幾乎完美復刻了俗世面面俱到又等級森嚴的政治制度：天上有周天星君、南辰北斗；地下有十殿閻王、判官無常；人間有五鎮四瀆、諸洞仙神。不過這些神佛之中，最能代表法律與正義的神祇反倒不是居高位、著官袍的「王侯將相」，而是一隻名為「獬豸」的神獸。

獬豸又稱「廌」、「觸邪」、「直辨獸」、「任法獸」。對於其體形特徵，各古籍記載不一，如許慎《說文解字》記載其「似山牛」，王充《論衡．是應》將其視為「一角之羊」*，後世亦有稱其「似鹿」、「如麟」者。做為神話生物，對獬豸的外形眾說紛紜也屬正常，而其能辨曲直的能力卻為各家所公認：獬豸見人爭鬥時能以其獨角觸

「不直」者「助獄爲驗」，故成爲法律公平正義、法官明察秋毫的象徵。民間傳說中，獬豸被譽爲「司法鼻祖」，助堯、舜、禹推行五刑的皋陶在「判決有疑」時，便求助於獬豸，獬豸所代表的神性成爲人類智力窮盡時的最後依託。

獬豸的重要性從漢字「法」字的構成也能看出來——「法」古作「灋」，可以拆分成「水」、「廌」、「去」三字，這裡的「廌」正是獬豸。《說文解字》解讀：「灋，刑也，平之如水，從水；廌，所以觸不直者去之，從去。」不僅指明了獬豸與法律的關係，也指明了獬豸「觸不直者去之」的洞察力。

至少在春秋時期，就已有諸侯國將獬豸的形象融合至官員輿服中。據《後漢書．輿服志》所載：「獬豸神羊，能別曲直，楚王嘗獲之，故以為冠。」這裡的楚王指楚文王熊貲，獬豸冠相傳是熊貲依據獬豸的特徵製作。秦、漢之後，獬豸冠一直做爲執法者的冠帽流傳於後世，故而又得名法冠。

不難看出，獬豸與法律之間的聯繫早已具化到文字與服飾文化中，中國人以獬豸爲法律的象徵自然不足爲奇了。

---

＊《論衡》所用稱呼爲「觟䚦」，即獬豸。

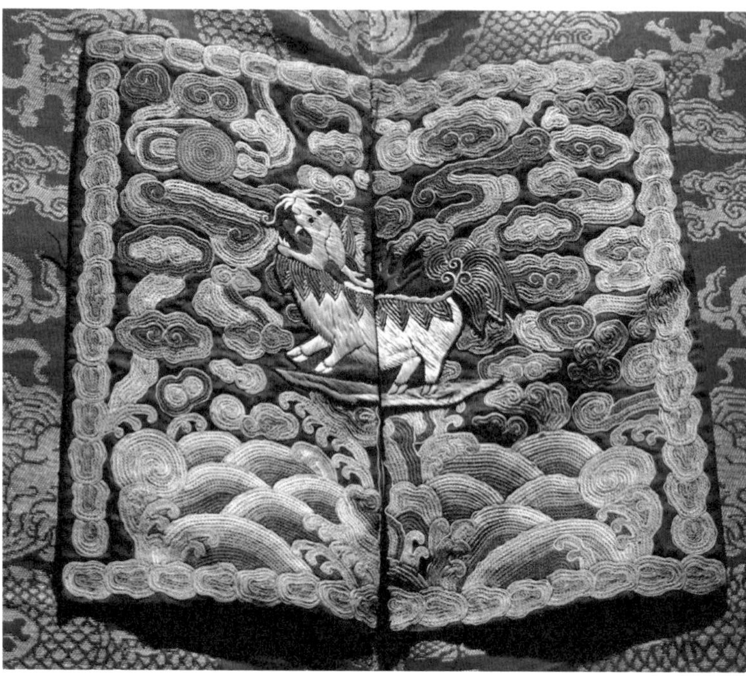

清朝徐定超御史的蟒袍補子，上繡獬豸以示公正（溫州博物館館藏）

「觸不直者去之」六個字看似簡單，卻有審判與懲治的雙重含義。「觸不直」是審判，而「去之」是懲治，其中包含了主動司法、審執合一的傳統司法精神——不僅是中國文化特有的傾向，歐洲文化的正義女神朱斯提提亞（Justitia）也是一手持天平，一手持利劍，個中含義倒比獬豸更爲直觀。

中國神仙體系中，做爲「職業型」神獸的獬豸還眞是個異類。一方面，民間信仰有著極強的世俗傾向，所拜神祇大多與明確訴求相勾連，如財神、壽星、灶王爺之類，再如管仲、關羽等「職業化」傾向明顯的神祇，大多保一行一業之平安，如獬豸這般以「別曲直」爲單一訴求的崇拜幾乎是絕無僅有的。另一方面，中華法系與歐洲兩大法系不同，在其漫長的發展過程中，並沒有孕育出發達而持久的「神判」傳統。那麼問題來了：獬豸這一形象是如何產生，又是如何在傳統神話「立足」，並成爲法律精神圖騰呢？

## 一起發生在齊國的訴訟案

關於獬豸最早的記述，應當出於《墨子·明鬼》關於「王里國、中里徼」的故事。說齊莊君手下有王里國、中里徼兩位臣子產生爭執，「訟三年而獄不斷」——不妨將其稱爲「王里國訴中里徼案」。齊莊君無奈，於是求助於「神判」：

「昔者齊莊君之臣有所謂王里國、中里徼者，此二子者，訟三年而獄不斷。齊君由謙殺之，恐不辜；猶謙釋之，恐失有罪。乃使二人共一羊，盟齊之神社。二子許諾。於是泏洫，羊而漉其血。讀王里國之辭，既已終矣；讀中里徼之辭，未半也，羊起而觸之，折其腳，祧神之，而槀之，殪之盟所。」

從中可看出兩位當事人借助「神羊」進行神判的程序：王里國在陳述其「訴訟請求」時，「神羊」沒有反應；等中里徼陳述其「答辯意見」時，話未說完，「神羊」便「起而觸之」，將他的腳折斷了。這個故事點明了獬豸的眾多元素：「羊」與獬豸的體貌特徵相呼應，「羊起而觸之」、「折其腳」又分別與《說文解字》的「觸不直者」、「去之」相呼應。這則故事基本能夠詮釋獬豸的起源正是以羊爲載體的「神判」。

然而，矛盾恰恰出在這裡。古代歐洲以天主教傳統爲主流，結合各民族不同文化漸次發展出諸如沸水神判、冷水神判、熱鐵神判、吞食神判等林林總總的神判法，如果中國早在戰國時代就已有了發達的神判傳統，並以此爲原型形成對獬豸的崇拜，爲什麼在日後的司法發展歷程中，沒有發展出如歐洲那般發達的神判體系，只留下了獬豸這一文化符號的意象呢？

中國古代司法模式的確與「神判」相異，其決疑的基礎不是神靈之意，而是訴訟雙方的言辭證據——當然，在證據規則還不完備的時期，是以言辭爲主體。以控辯兩造的言辭定罪的程序，在《尚書．呂刑》被稱爲「五辭」：「兩造具備，師聽五辭；五辭簡孚，正於五刑。」《周禮．秋官司寇》稱爲「五聽」：「以五聲聽獄訟，求民情：一曰辭聽，二曰色聽，三曰氣聽，四曰耳聽，五曰目聽。」對此，初唐經學大師孔穎達的疏解釋得極爲詳盡：

「凡斷獄者，必令囚之與證兩皆來至。囚證具備，取其言語，乃與衆獄官共聽其人五刑之辭。其五刑之辭簡核，信實有罪，則正之於五刑，以五刑之罪罪其身也。五刑之辭不如衆所簡核，不合入五刑，則正之於五罰。罰謂其取贖也。於五罰論之，又有辭不服，則正之於五過，過失可宥，則教宥之……各得其辭，乃據辭定罪。與衆獄官共聽其辭，觀其犯狀，斟酌入罪，或入墨劓，或入宮剕，故云『聽其入五刑之辭』也。」

《尚書》與《周禮》同列於儒家十三經之中，成書年代更早且相互佐證，其可信度應當高於《墨子》的「王里國訴中里徼案」。從思辨方式來看，「五辭」、「五聽」代表更爲先進的辯論式「決疑」，這一模式明顯要比神判法更爲先進，而在更爲先進且成熟的訴訟模式下，很難相信人們會退回選擇神判法。

對此更具代表意義的是《史記．循吏列傳》記載的「李離伏劍」典故。李離爲春秋時期晉國的法官，因斷案失誤錯殺好人而判自己死罪。當時晉國國君正是晉文公重耳，他勸李離「下吏有過，非子之罪也」，李離答覆：「理有法，失刑則刑，失死則死。公以臣能聽微決疑，故使為理。今過聽殺人，罪當死。」

從中可看出兩點：一是晉國關於法官審判責任的法規已經相對完備，正所謂「理有法」；二是法官審判依靠的是聽微決疑，這裡的「聽」自是「五聽」，在「聽」的基礎上「失刑則刑，失死則死」，完全沒有神判法或獬豸存在的空間。如果說晉國的法律制度已然如此發達，同爲「春秋五霸」之一的齊國會如《墨子》所說的那樣服從於「神判」嗎？

## 中國的獬豸與歐洲的神判法

其實答案可能很簡單。首先《墨子．明鬼》引用這一故事只爲了證明鬼神的存在而非「神判」，「王里國訴中里徼案」的重點在於「明鬼」而非「神判」；其次此案的前提是「訟三年而獄不斷」——如果一個案件經歷三年，法官還無法決疑，說明以當時人類的智慧很難確定案件的結果。這種局面或者導致法官拒絕裁判，或者只能將正義的尺規交付給神判。

「王里國訴中里徼案」中，做爲法官的齊莊君一開始也選擇拒絕裁判，理由便是「由謙殺之，恐不辜；猶謙釋之，恐失有罪」。但爲了不至於讓個案處於不確定的狀態最終選擇了「神判」。獬豸出場時，距案件發生已經過三年，是齊莊君無法透過「五辭」、「五聽」決疑的情形下使出的「沒有辦法的辦法」。

《墨子．明鬼》的故事不僅不與《尙書》、《周禮》、《史記》的記載相衝突，反而可以說明在「五辭」、「五聽」這一裁判制度已相當成熟的法治環境下，神判法的使用只是一種帶有無奈色彩的補充。獬豸所解決的問題與其說是「別曲直」，倒不如說是避免司法裁判中偶然出現的「不確定狀態」。

從這一層面進行考量，甚至可以進一步說獬豸決疑並不是歐洲文化意義上的神判。歐洲文化中的神判建立在完整的三段論基礎之上。

大前提：神是全知全能的，神的判斷一定正確。

小前提：神對某一案件的判斷可以透過「特定的方式」體現出來。

結論：透過「特定的方式」可以知曉神對某一案件的正確判斷。

而「特定的方式」指的自然是各式各樣的神判法。要申明的是，在人類刑偵技術與審判技術並不發達的時代，神判法的確有其實用上的優越性。首先是一定能得到一個確定的結果，從而消除案件的「不確定狀態」；其次是成本低、效率高；最後是成熟的神判法能達到的兩種結果機會均等，也相對公平，能讓控辯兩造都易於接受。

當然，這些優越性的前提是刑偵技術與審判技術的落後。當人類文明發展到能夠透過用理性的方式決疑的階段時，「神判」自然會漸漸退出歷史舞臺。十三世紀，隨著歐洲各國法定證據制度的日益完善，教皇依諾增爵三世（Innocent III）下達神判禁令，取而代之的是證人、證言等制度，與中國古代以「五辭」、「五聽」進行決疑的制度不謀而合——從司法制度的建設上來看，或許又是中國人領先了歐洲一千餘年。

*

有趣的是，帶有「神判」色彩的「獬豸決疑」在中國傳統文化中漸漸轉化成法律的圖騰。這一趨勢很可能發生在漢朝，因爲最早提及「獬豸」二字而不是這一物種的典籍，均成書於兩漢時期，除了《說文解字》，還有揚雄的《太玄經》、司馬相如的〈上林賦〉、楊孚的《異物志》等。不過，這僅是文化意義上的圖騰而已，歷朝歷代並沒有因獬豸崇拜而滑入「神判」的淵藪，而是繼續以「五辭」、「五聽」等制度爲基礎，構造了蔚爲大觀的中華法系。

從司法制度上來看，獬豸崇拜似乎算是一種「退步」，不過從追求公平正義的民族精神來看，又何嘗不是一種美好的期待呢？畢竟，獬豸背後屹立的並不是神的旨意，而是愈來愈健全的法律制度。

# 明鏡自高懸
## 一塊匾額的多重解讀

歌頌清官能臣的詞語有很多，如「兩袖清風」、「早朝晏罷」、「鐵面無私」……然而古代官衙公堂上方的匾額，「出鏡」最多的卻是「明鏡高懸」四字。為什麼古往今來的官員都對這四個字青睞有加呢？這背後能找到一個典故：傳說秦始皇曾有一枚神鏡，能夠照出人的五臟六腑和疾病，甚至照出邪念。中華法系一向注重實質正義，要求官員有分辨是非曲直的能力，如此看來「明鏡高懸」匾與公堂的氣質倒也契合。不過，要是你以為這就是「明鏡高懸」匾的全部，就大錯特錯了。恰如古代行政官員身兼包括法官在內的多重職能一樣，「明鏡高懸」四字也包含了儒、釋、道三教的多重意象，明察秋毫、量刑定罪與斬妖除魔，可謂「一個也不能少」。

古代的政府、法院、檢察院，甚至「父母官」的宅院，事實上都是同一個地方——官署，就是民間常說的「衙門」。做爲一個機構，衙門是封建秩序下的官秩品級和律法規制的眞實寫照；而做爲一個空間，衙門內部的一磚一瓦、一門一窗，也在這種等級森嚴的時代背景下，孕育出別具古韻的法律圖騰。

這種「法律圖騰」是什麼樣子呢？存世的古代縣衙公堂給了後人相對統一的答案：「肅靜」、「回避」牌分立兩側，中間放置「縣官老爺」處理政務的公案。公案上擺著文房四寶、令簽和驚堂木，公案背後則是象徵著官員「清似海水，明如日月」的朝日圖。其中最顯眼的，自然是公堂上方懸掛的匾額，匾額上書四個大字：「明鏡高懸」。

這些林林總總的擺設中，「肅靜」、「回避」牌、公案、驚堂木等物品都有著明確的實用意義，海水朝日圖的喻意也十分明顯，唯有高高在上的「明鏡高懸」匾，讓人無法一眼看透。形容爲官清廉、剛正的典故很多，爲什麼唯獨「明鏡高懸」被官員廣泛接受？比起「兩袖清風」、「早朝晏罷」、「鐵面無私」等成語，「明鏡高懸」又有什麼特別的含義呢？

答案就出在「明鏡」二字上。「明鏡高懸」事實上應寫作「秦鏡高懸」，「秦鏡」特指秦始皇嬴政所持的一面神鏡。《西京雜記》有個故事：「（漢）高祖（劉邦）初入咸陽宮，周行庫府……有方鏡，廣四尺，高五尺九寸，表裡有明，人直來照之，影則倒見。以手捫心而來，則見腸胃五臟，歷然無礙。人有疾病在內，則掩心而照之。則知病之所在。又女子有邪心，則膽張心動。秦始皇常以照宮人，膽張心動者則殺之。」這枚秦鏡後爲項羽所獲，之後便不見蹤影。

秦鏡的神奇之處在於其不僅能照出人的五臟六腑和疾病，甚至能照出人的邪念。斷案需要明察秋毫，若是眞有秦鏡高懸於公堂之上，自然能洗冤滌屈——用現在的話來說便是秦鏡能夠幫助官員實現「實質正義」的理想。這樣看來，官員對秦鏡的青睞似乎順理成章。

如果僅將「明鏡高懸」理解成後世對秦鏡的取典，就未免把事情簡單化了。秦鏡的故事只是個引子，「鏡」這一意象所代表的從宗教到文化再到法律層面的深刻意義，才是「明鏡高懸」四字眞正的核心。

## 宗教之鏡：儒、釋、道的三面鏡

古代中國人的生活中，鏡不僅是一件器物，更包含了複雜的民俗內涵。漢朝人透過在銅鏡上刻下「長宜子孫」等銘文祈求子嗣繁衍。唐玄宗在千秋節常賜臣子花綬鏡，以應長壽。婚嫁禮儀中也不乏鏡的身影，隋、唐之際，新婚夫婦會共結「鏡紐」，取「結髮夫妻」之意，這一習俗大量見於唐詩之中，如韋應物的「荊山之白玉兮，良工雕琢雙環連，月蝕中央鏡心穿。故人贈妾初相結，恩在環中尋不絕」，長孫佐輔的「憶昔逢君新納聘，青銅鑄出千年鏡」等。

鏡的寓意有子孫興旺、長壽、百年好合諸般，但最具神力的「功能」，還是能鑑照人心。民俗文化中，不僅嬴政的秦鏡可以「見腸胃五臟」，普通的鏡也能照出魂魄、邪魔，以至於不少醫家都將鏡視爲辟邪厭勝的良方。如李時珍便將古鏡列入《本草綱目》，稱其有「辟一切邪魅，女人鬼交，飛屍蠱毒」的功效。以鏡治病的手法聽起來有些怪力亂神，卻能清晰地折射出鏡在古人眼中所代表的意象。

這些民俗看似與公堂之上的「明鏡高懸」沒有聯繫，實則草蛇灰線，伏脈千里。回到秦鏡，《西京雜記》作者葛洪是道家中人，而鏡也是道教的重要法器。道士打醮作法、入山尋仙、修煉道法時均會佩鏡，其中以入山佩鏡最具象徵意義。

道士入山佩鏡是用於「照妖」。正如《抱朴子‧登涉》所言：「萬物之老者，其精悉能假託人形，以眩惑人目而常試人，唯不能於鏡中易其真形耳。是以古之入山道士，

戰國六山紋青銅鏡（中國國家博物館館藏）

皆以明鏡徑九寸以上，懸於背後，則老魅不敢近人。或有來試人者，則當顧視鏡中，其是仙人及山中好神者，顧鏡中故如人形。若是鳥獸邪魅，則其形貌皆見鏡中矣。」道教信徒相信利用鏡可以使各種妖魔顯露行蹤，因爲妖魔可以假託人形，卻無法改變鏡中的眞身，這未免不是屬於道家的「明察秋毫」。

道教的鏡可以「照妖」，而佛教的鏡則可「觀業」。

佛教中，還有一種可照射眾生善惡的業鏡，人的所作所爲在業鏡前均無所遁形，正如《楞嚴經》所言：「如是故有鑑見照燭，如於日中，不能藏影。」

「觀業」的下一步，自然是賞善罰惡。《正法念處經》描繪了名爲「鏡林」的地方，這裡的樹如明鏡般純潔無垢，步入者可以借其觀見自身的善惡業相。有善業者見善報，有惡業者則見苦報。在善有善報、惡有惡報的輪回觀念中，明鏡之林成了對人一生行爲進行審判的工具，這一意象已與俗世的公堂頗有幾分相似。

業鏡因其獨特功用漸漸成爲地獄的象徵。佛教有「三長齋月」之說，因爲正月、五月、九月冥界業鏡輪照南洲，盡現世人善惡，故要嚴持齋戒。《佛說觀佛三昧海經》亦談及地獄小鬼用明鏡輔助審判的場景：「獄卒羅剎，應聲即至，化為侍者，執明鏡示語罪人言。」佛教神話中，諸天與冥間掌權者借明鏡鑑照人類善惡以「量刑定罪」的喻義，非常明顯。

儒、釋、道三教中，與鏡淵源最淺的反而是占主流地位的儒家。關於鏡最著名的典故大約要數唐太宗李世民的「夫以銅為鏡，可以正衣冠；以史為鏡，可以知興替；以人為鏡，可以明得失」，不過很難將此處對鏡的比喻視爲「明鏡高懸」底蘊的一部分，因爲官員在公堂斷案之時，明顯還需要更深刻、更具儀式感的內心信念。如果後世的「明鏡高懸」四字是直接取自富有道家色彩的秦鏡典故，匾額背後的宗教色彩就不言而喻了。

## 文學之鏡：傳奇裡的絕世寶鏡

如果說道教的照妖鏡和佛教的業鏡在宗教層面將鏡明察秋毫的意象予以固化，歷朝歷代關於鏡的文學作品便將鏡的寓意推向了滾滾紅塵。

關於鏡的小說，最早的作品是《太平御覽》引《神異經》的故事：「昔有夫妻將別，破鏡，人執半以為信。其妻與人通，其鏡化鵲飛至夫前，其夫乃知之。」這則小故事中，鏡有了監視「契約」雙方的功用，一旦其中一人背信，鏡便會化成鵲通知另一方。這則故事不見於今本《神異經》，但流傳甚廣，以至於衍生出飛鵲鏡這一「傳說可以照見妻子之心」的器物。

成書於東漢的志怪筆記《洞冥記》亦有一則關於鏡的故事：「元封中有祇國獻此鏡照見魑魅不獲隱形。」在此處，能「照見魑魅」的鏡與道家的照妖鏡已無甚區別。當然《洞冥記》本具有濃濃的道教意味，其中出現道家色彩的寶物自然不足爲奇。

至魏晉南北朝，有關鏡的筆記小說已經比比皆是，其中包括描寫秦鏡的《西京雜記》。這些故事中，鏡的功用進一步明晰，比如，《拾遺記．周靈王》有可以暗中視物如白晝的火齊鏡，《搜神後記．鹿女脯》有可以看破兩位姿色甚美的女子爲鹿精的銅鏡，《異苑》有能讓山雞鑑形而舞、鸞衝霄一奮而絕的銅鏡。

唐代筆記小說中甚至還能找到秦鏡的行跡。《西京雜記》中，秦鏡被項羽取走後「不知所在」，而段成式《酉陽雜俎．物異》言：「秦鏡，儛溪古岸石窟有方鏡，徑丈餘，照人五藏。秦皇世號為照骨寶，在無勞縣境山。」從描述來看，被嬴政稱爲「照骨寶」的秦鏡無疑便是《西京雜記》中「常以照宮人」的方鏡了。

如果說魏晉南北朝時期關於鏡的故事還只是一段段不成體系的奇聞摘錄，隋末唐初的《古鏡記》便可稱爲以鏡爲主角的「大製作」。這篇傳奇小說中的「絕世寶鏡」具有讓妖魔「隱形無路」的神性，伴隨著主人公王度一路斬妖除魔，先後收了狸貓精、蛇精、龜精、猿精等，甚至幫助百姓祛除疾病。值得注意的是，小說中對鏡的神性做了解釋：鏡中有個名爲紫珍的鏡精，鏡的種種法力即源於此。結合鏡文化的發展與演化，與其說《古鏡記》中寶鏡的法力源於紫珍，倒不如說紫珍是鏡的擬人化——這位鏡精最擅長的照妖之術，自然源於千年來人們對鏡的想像與寄託。

在此之後，神鏡在日益發達的小說中更是頻頻出場，尤其如神魔小說《西遊記》、《封神演義》的照妖鏡更是常見法器。甚至在古典小說的巔峰之作《紅樓夢》也有一面「專治邪思妄動之症」的風月寶鑑。《紅樓夢》雖非神魔小說，風月寶鑑也未必是照妖鏡，但從書中風月寶鑑哭道：「誰叫你們瞧正面了！你們自己以假爲眞，爲何來燒我？」的情節來看，風月寶鑑能夠洞察人性、分辨眞僞的設定，依然秉承了鏡文化的內核。

歷朝小說中關於鏡的情節設計無疑受到道、佛兩家的影響，而這些小說同樣在鏡文化的發展中扮演了重要角色。由漢至唐再到清，鏡的意象無疑與洞察人心、妖形等法力緊密結合，以此爲基礎再回頭看公堂之上的「明鏡高懸」所指代的含義無疑會更加清晰。

## 法律之鏡：秦鏡高懸與虛堂懸鏡

「明鏡高懸」四字雖然明確指向秦鏡的典故，但若不從宗教與文學的雙重視角來審視鏡在中國文化的意義，就很難理解爲什麼官員對「明鏡高懸」匾額的追求一致，尤其是在儒家文化對鏡的闡述相對較少的情況下。

道家有照妖鏡，佛教有業鏡，宗教意義上的鏡與文學作品的鏡相互影響最終形成了鏡與官員所追求的明察秋毫之間的互通。然而，這是不是「明鏡高懸」匾額爲官員所靑睞的唯一緣由呢？對官員來說，鏡是否還擁有其他內涵呢？

錢鍾書《管錐編》對此頗有研究：「我國古籍鏡喻亦有兩邊。一者洞察：物無遁形，善辨美惡，如《淮南子・原道訓》：『夫鏡水之與形接也，不設智故，而方圓曲直勿能逃也』，又《說林訓》：『若以鏡視形，曲得其情。』二者涵容：物來斯受，不擇美惡；如〈柏舟〉此句（我心匪鑑，不可以茹）。前者重其明，後者重其虛，各執一邊。」

依錢鍾書之論，「洞察」、「明」之喻無疑與秦鏡的意象相合，値得注意的是「涵容」、「虛」之喻。從字面意思來看，鏡的「洞察」與「明」似乎扣其能夠包含萬物之意，對官員來說，能夠明察秋毫、了解案件的來龍去脈方能準確斷案，故官員的追求與鏡的

「洞察」、「明」是相合的。然而「涵容」與「虛」做何解呢？

錢鍾書之後又有援引：「《莊子・應帝王》所謂：『至人之用心若鏡，不將不迎，應而不藏』（《文子・精誠》：『是故聖人若鏡，不將不迎，應而不藏』）……《世說・言語》袁羊曰：『何嘗見明鏡疲於屢照，清流憚於惠風』；不將迎，不藏有，故不『疲』矣。」

對官員來說，掌握足夠線索的基礎之上保持「空虛」的狀態，的確是克制先入爲主、自以爲是的重要手段。那麼，鏡的「涵容」與「虛」是否也是對官員追求客觀中立的闡述呢？從官員的箴言中的確能找到這樣的證據，最具代表性的莫過於清朝袁守定的名言：「凡審理詞訟，必胸中打掃潔淨，空空洞洞，不豫立一見，不豫著一物，只細問詳求，其情自得。若先有依傍之道，豫存是非之心，先入為主，卒爾劈斷，自矜其明，轉致誤也。陳良翰知里安縣，聽訟咸得其情，或問何術，良翰曰：無術，但公此心如虛堂懸鏡耳。蓋惟虛故公，公則生明，自然當於事理而判矣。」

這段話中，虛堂懸鏡所指的並非明察秋毫，而是摒除是非之心，以謀求「惟虛故公，公則生明」的境界。由此可推斷出，公堂之上的「明鏡高懸」四字不僅有明察秋毫、撥雲見日之意，更有掃除成見、公則生明的追求。「明鏡高懸」既是「秦鏡高懸」，也是「虛堂懸鏡」。

*

經典俠義公案小說《三俠五義》中，包青天有三寶：陰陽鏡、古今盆和遊仙枕，憑此三寶，包青天日斷陽、夜斷陰，明察秋毫，斷案如神。雖是戲說，但足以體現出民間文化中鏡與官員斷案的聯繫。當然，這種聯繫經過漫長歷史的孕育，包括極爲複雜的文化意象，以至於用秦鏡的典故去解釋「明鏡高懸」的由來，顯得格外草率。

綜合而言，鏡有其「洞察」與「明」，正合官員的明察秋毫；又有其「涵容」與「虛」，正合官員的公則生明。除此之外，鏡在道教中斬妖除魔的法力正合官員堂威，在佛教中量刑定罪的引申正合官員職責。可以說，正是鏡如此複雜又如此契合官員追求的意象，使得公堂之上的匾額大多被「明鏡高懸」所占據。

匾額無言，曾在公堂之上仰望官員的萬千百姓或許未必能讀懂其中的故事，甚至鏡的文化意象也在歲月的流逝中淡化，但當後人走進那些古舊的衙門，用不解的目光與匾額對視時，依然能體會到一股莊嚴肅穆的神奇力量，已然足夠。

# 衙門器物考

## 廟堂與江湖的兩張面孔

古代中國諸法合體，政府與法院都被「衙門」整合，故而法律在追求公平正義之外，自然而然也沾上了「官威」，正所謂「衙門深似海」。那麼，官員如何透過衙門器物強化自身權威呢？門道可多了。升斗小民見「官老爺」，先要從八字牆開始，經過照壁、戒石坊方能入公堂。公堂背面是「海水朝日圖」，公案上擺著令簽、驚堂木，兩邊衙役手持「肅靜」、「回避」牌，身邊又有刑杖等刑具，百姓一看此等場面，在對簿公堂之前怕是早已心驚膽戰。不過，愈「神祕」的事物愈要以平常心來審視，從行政司法的角度來看，這些法律器物畢竟以實用目的為主，褪去被大眾文化誇大的「官威」，衙門之中一定還藏著一副不為大眾所知的面孔。

在尋常百姓眼中，做爲帝國中樞在「王土」各處權力的映射，古代中國分布於各級行政區域的官署不僅代表了「三綱五常」等封建時代的特殊傳統，同時彰顯著中華法系給予司法官員的獨特權威。官署的建築格局、官員的服飾儀容、公堂的器物用具、升堂的儀式與程序……這一系列令人生畏的表象如同道道壕溝，將廟堂與江湖清晰地隔絕開來。

這似乎有些黑色幽默，因爲官署在設計上並沒有也不可能以隔絕百姓爲目標，尤其是做爲基層官署的縣衙，反而凸顯出「父母官」式的親和。縣衙既沒有又高又陡的臺階，也沒有私家宅院常見的高牆、高閣，衙門——這一稱呼隨著時間流逝漸漸有了貶義色彩——正門兩側的門牆分別向東南、西南延伸，這一設計似乎更便於而不是阻礙外人尋訪。從制度層面來看，歷朝一向有「官不修衙」的傳統，宋朝設「在司擅增修廨宇」之罪，明、清亦有擅自營造官廨者「坐贓論罪」的律法。「八字衙門朝南開，有理無錢莫進來」的民諺固然流傳甚廣，但終究不是官署設計的初衷。

爲什麼如此「開放」的官署依然讓百姓畏懼呢？根本原因固然源於官署所代表的權力內核，但直接原因則是其「刑以兵威」的表象，從官署的俗稱「衙門」就能品味出大概。「衙門」的稱呼源於「牙門」，據唐朝封演所撰《封氏聞見記》記載：「祈父『司馬』

掌武備，象猛獸以爪牙為衛，故軍前大旗謂之『牙旗』……軍中聽號令必至牙旗之下，稱與府朝無異。近俗尚武，是以通呼公府為公牙，府門為牙門。字稱訛變，轉而為『衙』也。」若將衙門等同於太平盛世的軍營，背後的森然氣息自然容易讓市井小民兩股戰戰。

所謂「衙門深似海」，一腳踏入衙門，百姓將會產生全方位的壓迫感。比如提交訴狀的百姓踏進衙門後，必須向官員下跪（據康有爲等學者考證，跪拜之禮始於元朝：「惟元乃跪，後世從之」），而官員升堂時也有一套堂威。戲曲中，這套堂威更具儀式感：公堂兩邊衙役一邊以低沉的長音喊「威——武——」一邊用刑杖猛戳地面製造雜訊，如此排場，不由得百姓不心生敬畏。劉鶚《老殘遊記》對這種

直隸總督署舊址（河北省保定市）

堂威不無諷刺：「凡官府坐堂，這些衙役就要大喊小叫的，名叫『喊堂威』。把那犯人嚇昏了，就可以胡亂認供了。」

各種與衙門相關的民諺和劉鶚的小說體現了百姓對衙門腐化蛻變的深惡痛絕，但這種負面評價絕對不代表官署禮儀的原始設計理念——這形成了衙門兩張截然不同的面孔。要解釋兩張面孔的不同並非易事，但透過官署的建築、陳設與器物，依然可以一窺個中內蘊：將這些元素背後的故事碎片一枚枚拾起，拼出的圖景或許便是衙門最眞實的形象。

## 從戒石坊到肅靜牌：朝廷眼中的親民

衙門的建築與陳設較多保持了朝廷律法制度的本來面目，故其內涵與官方話語體系更爲接近。

經過衙門門口的八字牆，最先見到的往往是照壁。照壁又稱「蕭牆」，早在宋、金時期已多見於中原，並非衙門獨有；但衙門照壁上常刻的不是吉祥圖案，而是一種在古代神話中也稱得上「生僻」的神獸。這一神獸的名字已在現代漢語中消失，其寫法爲反犬旁右加一個「貪」字。這是一種狀如麒麟的三足神獸，嗜吞金銀財寶，儘管腳下已全是寶物依然貪心不足妄圖吞日，最終因奔跑過急跌入海中溺亡。將這一神獸吞日的圖案刻於照壁自然不是爲了震懾百姓，而在於令官員戒貪。

衙門大堂（即公堂前）又有戒石坊，上刻〈令箴〉銘文。〈令箴〉本爲五代蜀主孟昶所作，宋太祖趙匡胤摘「爾俸爾祿，民膏民脂，下民易虐，上天難欺」四句敕令各府縣衙立石刻銘並護以亭，立於衙署大堂前。明、清沿襲此制，而以牌坊代之，稱爲戒石坊。

衙門格局爲「前衙後邸」，公堂爲處理政務的治事之所，大多會掛官聯，其內容多表述爲官之道。從存世縣衙的官聯作品來看，這些楹聯稱得上言辭平實、內涵深遠，且往往能突出地方特色，如內鄉縣衙的「治菊潭，一柱擎天頭勢重；愛酈民，十年踏地腳跟牢」，南陽府署的「召父勸農，杜母興工，南陽自古多循吏；彈琴懸鏡，愛蓮對月，赤子從來盼好官」，霍州州署的「我雖愛民，畢竟見官非好事；爾如責己，須知恕彼得便宜」等，其內容基本不外乎愛民、清廉之意。

公堂是衙門的核心，也是戲曲、影視劇中表現衙門的主舞臺。公堂正中是官員處理政務的公案，公案背後的牆壁或屏風大多繪有「海水朝日圖」，亦有「松鶴長青圖」（如霍州州署）、「雲燕朝日圖」（如內鄉縣衙）等。公案左右各列「肅靜」、「回避」牌、官員職銜牌以及軍杖等物，統稱爲「執事」，以壯聲威。

所謂「執事」，即官員出行或民間婚喪使用的儀仗用具，衙門執事之中，「肅靜」、「回避」牌最具特色，同時最容易被誤解。據《清史稿·輿服志》記載，乾隆十三年（一七四八年）釐定儀衛之制，各級官員配備不同儀仗，道一級「青旗四，杏黃傘、青扇各一，桐棍、皮槊各二，回避、肅靜牌各二」；縣一級「青旗四，藍傘一，青扇一，桐棍、皮槊各二，肅靜牌二」；知縣以下縣佐「藍傘一，桐棍二」；學官「藍傘一」；雜職「竹板二」。可見，縣以上有「肅靜」、「回避」牌；知縣只有「肅靜」牌，而無「回避」牌；至縣丞一級則連「肅靜」牌都沒有了。知縣沒有「回避」牌，未必是因爲品級較低，其意義更在於縣官「與小民朝夕相處，勿使隔絕不通也」，個中仍是親民的政治考量。

隨著時間的流逝，「肅靜」、「回避」牌已淡出政治舞臺，反而常見於佛教儀式中，不過這種借鑑與古代官員出巡時「鳴鑼開道」的禮制相似，倒與衙門內的執事關係不大了。

毋庸多言，八字牆、照壁、戒石坊、官聯、屏風、執事等元素寄託了整個國家對官員秉公執法、愛民如子、大公無私等官德的期待，這也正是衙門應當具備的官方解讀。然而將視線轉至民間，故事卻有了另一個版本。

## 從驚堂木到殺威棒：說書人眼中的官威

與衙門的建築、陳設相對，公案上的器物透過各類民間文學作品，展現出衙門的另一張面孔。

公案之上，通常依次陳列著印璽、誥封架、裝著令籤的籤筒、筆筒、筆架、黑紅硯臺、驚堂木、放告聽訟的牌子等物品。誥封架放皇帝聖旨及黃綢布包裹的主官印盒，令籤、黑紅硯臺、驚堂木爲主官發號施令的工具。這些器物中，最有代表性的莫過於驚堂木。

驚堂木是官員在斷案過程中震懾犯人、維持秩序的器物，與後世的法槌相似。但法槌是十足的舶來品，其前身與驚堂木無關。

做爲公堂裡的常設，驚堂木的來源不可考，但民間有個與驚堂木極爲相似的器物，就是說書人的醒木。醒木也稱爲醒目、響木，是長方形的小硬木塊，尺寸無定式，一般長一寸，寬半寸。醒木上面抹邊成四個等腰梯形，共二十條邊線，十個平面。平置於桌上時，其中九個平面外露，也叫「九方」。關於「九方」又有一說法：和尚募化十方，而說書人不掙和尚錢，只能募化九方，因此用「九方」之木。

將醒木與驚堂木相比是因這兩種器物形式上相近，而且在說書人口中，醒木本是各行各業均需之物，只因使用者職業不同而被賦予不同的名稱。說書人有一段著名的「醒木詞」：「一塊醒木上下分，上至君王下至臣。君王一塊轄文武，文武一塊管黎民。聖人一塊傳儒教，天師一塊驚鬼神。僧家一塊說佛法，道家一塊勸玄門。一塊落在江湖手，流落八方勸世人。湖海朋友不供我，如要有藝論家門。」

從中可以看出，醒木爲君臣文武、三教九流所廣泛使用，所謂驚堂木，應當歸類於「文武一塊管黎民」。對此，說書界有更爲詳細的表述，如王決《曲藝漫談》所介紹的「十三木歸源」：皇帝所用者名「龍膽」，皇后所用者名「鳳霞」，文臣所用者名「運籌」，武將所用者名「虎威」，知縣所用者名「驚堂」，塾師所用者名「醒誤」，說書人所用者名「醒目」，當鋪所用者名「喚出」，藥鋪所用者名「審慎」，點心鋪所用者名「茯苓」，郎中所用者名「愼沉」，戲子所用者名「如意」，客棧所用者名「鎭靜」。

以上種種說法不一而足。將驚堂木視爲醒木的一種顯然缺乏史料支撐，不過從說書人給朝廷所用醒木定的名字來看，醒木終究是彰顯官威的器物。縱然驚堂木與醒木終非同源，但從文化層面來看，說書人所代表的民間文化已將驚堂木納入醒木的體系——「龍膽」、「運籌」、「虎威」、「驚堂」等稱呼，與其說是「戲說」，不如說是民間對衙門甚至朝廷印象的具象化。

「彰官威」的另一面是「殺民威」，這又要提到常見於公案小說的「殺威棒」了。關於「殺威棒」，最著名的典故莫過於《水滸傳》中曾讓林沖、武松和宋江折腰的「一百殺威棒」。據書中所述，「太祖武德皇帝舊制，但凡初到配軍，須打一百殺威棒」——太祖武德皇帝是指宋太祖趙匡胤，其諡號全稱爲「啟運立極英武睿文神德聖功至明大孝皇帝」。雖然《水滸傳》裡將「殺威棒」的起源說得分明，但史書中不見「殺威棒」的記載，與之相應的是自秦以降所流傳的「笞刑」（秦時「笞」寫作「治」）。

公堂之上多有拷打之刑，倒未必是因爲受刑者一定有罪。《唐律疏議．名例》有言：「笞者，擊也。又訓為恥，言人有小愆，法須懲戒，故加捶撻以恥之。」可見笞刑更有教人知恥的教化意義，與《水滸傳》的「殺威」之意大有相近之處。考慮到官方器物往往有在民間流傳的非正式稱呼，「殺威棒」倒也不一定不存在，這一名稱僅源於民間而未見於史書的可能性也是有的。

從民間文化的角度來看，驚堂木與「殺威棒」是公堂中最常見的器物，而其蹤跡少見於史書而多見於文學作品或許更能說明衙門在民間的印象：從朝廷的角度來看，官署的一切元素都努力體現其親民的一面；而在百姓眼中，官署終究是那個高高在上的衙門。

## 從令簽到犯由牌：廟堂與江湖的合流

公案上還有一件頗具儀式感的器物，就是令簽。與「肅靜」牌和驚堂木相比，令簽上少有文化內涵，反而讓它多了一絲「價值中立」。

影視戲劇中常有一幕：官員斷案後認定犯人有罪，遂從簽筒裡抽出一枚令簽擲於地上，於是衙役或持棍施刑，或押犯人下獄。這一過程的確極有畫面感，但在歷史上，令簽的用途遠遠不止於此。

清朝余懷所著《板橋雜記．雅游》提到教坊司內除衙署、公座外，尚有人役、刑杖、簽牌之類，且有冠有帶。簽牌指的是拘捕犯人的片狀憑證。公案上的簽多爲木製，因以朱墨作記也稱「朱簽」。清朝蒲松齡所著《聊齋志異．詩讞》有「先生標朱簽，立拘南郭某肆主人」——官員書寫文書多喜用紅色標記，三國吳謝承《後漢書》有「盛吉為廷尉時，每至冬節，罪囚當斷，妻夜執燭，吉持丹筆，夫妻相對，垂泣而決其罪」的典故，朱籤的形制正合此傳統。不過有時簽上需要記錄更多內容，木簽的形制就不夠書寫了，於是簽票漸漸流行開來。清朝愛新覺羅．昭槤所著《嘯亭雜錄》有一則名爲「武虛谷」的故事：

「武虛谷億，河南偃師人。中庚子進士。任山東博山縣縣令，有德聲。甲午秋，壽張王倫倡亂，為舒文襄公所撲滅，或傳倫實未死，潛匿於他方。庚戌間，山西人董二告王倫藏匿山西某縣，和相時專柄，欲希封賞，乃授意覺羅牧庵相公長麟，令其偵緝。牧庵拂其意，以虛妄對，和相艴然。其屬番役某，欲獲和相歡心，因獻計，仍向齊省緝訪，或可得蹤跡。和相乃密簽役往山東，至博山縣，其役恃和相勢，擅作威福。公擒至署中，取捕役簽票，視票惟書二公役名，而同夥行者凡十五人。公督責之，捕役抗横無禮，公大怒，以大杖責數十。」

故事中表明，簽票上只寫了兩個公役的姓名，而「同夥行者凡十五人」，可見簽票不僅要注明公役許可權，更要注明授權人員的具體情況。這種內容豐富的簽票從名稱上可以推斷出其材質不是木與竹，應當是紙。

出具令簽的行爲叫「發簽」，關於此，《紅樓夢》第四回「薄命女偏逢薄命郎，葫蘆僧判斷葫蘆案」中有詳細描述：賈雨村接到案件後先是大怒，欲「發簽差公人立刻將凶犯族中人拿來拷問」，門子暗示後又問「方才何故不令發簽之意」，最後門子又提議「老爺明日坐堂，只管虛張聲勢，動文書發簽拿人……」雖然小說中關於坐堂的情形一筆帶過，但來回三次發簽已足以讓人了解令簽之用。

除了普通的令簽，還有一種火簽，用於官署緊急拘傳人犯。這一器物也常見於小說，如《儒林外史》第五十一回：「祁太爺立即拈了一枝火簽，差原差立拿鳳鳴岐，當堂回話。」這種火簽與簽票形制相似，無非多加急之意罷了。

從中可看出，令簽更近於傳喚文書而非影視戲劇中所表達的「定罪量刑」的器物。如《紅樓夢》中，賈雨村發簽之後，還是要經過升堂斷案，才能確定嫌犯是否有罪。眞正公布犯人罪行的是犯由牌，對此《水滸傳》也有提及，如協助西門慶勾引潘金蓮的王婆，便在「寫了犯由牌，畫了伏狀」之後被行刑。《水滸傳》第四十回甚至還有一份完整的犯由牌：「江州府犯人一名宋江，故吟反詩，妄造妖言，結連梁山泊強寇，通同造反，律斬。犯人一名戴宗，與宋江暗遞私書，勾結梁山泊強寇，通同謀叛，律斬。監斬官江州府知府蔡某。」雖然小說不能當史料，但這一份犯由牌已然與刑事法律文書無異。

明、清以降小說盛行，許多史書中未盡的歷史細節都能從各類文學作品中找到記錄，而令簽做爲以實用性爲主的器物，同時淡化了朝廷與民間兩方的語境，反而在文化意義上成爲廟堂與江湖合流的載體。或許衙門沒有那麼親切，也沒有那麼森嚴，眞實的衙門正如令簽一樣，只是努力扮演自己的角色而已。

*

從衙門門前的照壁到大堂的匾額、楹聯，從「海水朝日圖」兩旁的肅靜牌再到公案上的驚堂木，從材質各異的令簽到犯由牌，都承載了太多公堂往事。值得注意的是，關於這些公堂器物，文學作品的描述遠遠多於史書的記載，對於後世研究來說有利有弊。利在於文學作品能給予後人更直觀的感受，使得這些器物脫離官方話語的生硬；弊在於文學作品畢竟源於生活而又高於生活，驚堂木到底是不是醒木的一種？殺威棒到底存不存在？這些問題都不是僅靠一部小說、幾折戲曲就能蓋棺論定的。

不過，從歷史遺跡與文學作品兩個角度審視衙門的建築、陳設與器物，依然有重要意義。歷史遺跡更能代表官方話語，從現存的官署遺跡可以明顯感覺到朝廷對各級行政機構的期待；而文學作品更能代表民間話語，小說與戲曲作者對衙門貶多於褒，本身就表達了前述期待的走樣。虛虛實實之間，會不會讓中華法系的身影更加立體呢？

# 甘遵生死狀
## 法內法外的生死文書

狀是中國法律領域最基本的文書類型之一，比如起訴狀、上訴狀、自訴狀等。而大眾文化中，也有幾個以「狀」為名的「文書」，分別是軍令狀、投名狀和生死狀。《三國演義》中，關羽立下過軍令狀，不過最後沒被問罪；《水滸傳》中，林沖初上梁山便被要求納投名狀，雖然最終也沒納成；擂臺比武還常出現生死狀，雖然最終也絕少有人以命相搏……將視線收回到「狀」，如果說軍令狀還有些古代「軍事法」的影子，投名狀和生死狀則具有濃濃的江湖氣息，為什麼它們會被冠以「狀」這個廟堂氣息十足的名字呢？這些林林總總的「狀」，在歷史上是否存在？如果存在，又是否能將它們視為法律文書呢？

中國傳統中大多數法律制度、慣例、用語都已消失於大眾視野，成爲歷史名詞。然而文化的傳承往往會在細微處留下印痕，即便在白話文一統天下的時代，依然會有一些「古意盎然」的表述被納入後人的詞庫，甚至成爲人們耳熟能詳的俗語，軍令狀、投名狀和生死狀，就是這類詞彙的代表。

四大古典名著的超強傳播率使得軍令狀與投名狀廣爲人知。《三國演義》中常見軍令狀的身影，如關羽鎮華容道義釋曹操之前，正是被諸葛亮用激將法立了軍令狀；《水滸傳》中，林沖初上梁山便被王倫百般刁難，而王倫出的第一個難題，正是讓林沖納投名狀。相對而言，生死狀在搏擊界則更爲常見，所謂「拳腳無眼，生死由天」。創作歌手周杰倫有一首歌名爲〈霍元甲〉，歌詞第一句便是「**命有幾回合擂臺等著，生死狀贏了什麼冷笑著**」。以上林林總總，可知這幾份「狀」，的確不算是生僻事物。

從大眾文化的視角來看，軍令狀、投名狀和生死狀多被用於其比喻意，三者的共同點自然是均與生死相關；然而從法律的視角來看，這三者的共同點則應當從其名稱入手：三者均屬於「狀」這一文體。

狀究竟是一種什麼文體，爲什麼極具草莽之氣的軍令狀、投名狀和生死狀會以「狀」爲名呢？

## 最接地氣的百姓上行文

狀，事實上是古代最常見的上行文之一，大致可分爲兩類：一類是朝廷內部所用的上行文，由下級官員書寫，呈送至上級官員，甚至君主。這種狀發軔於兩漢，於唐朝成爲正式公文文體，一直流傳至民國時期。

據《舊唐書》所載「凡下之所以達上，其制亦有六，曰：表、狀、箋、啟、辭、牒」，可見唐朝的上行文分爲六種文體，而狀正是其中之一。向君主所進的狀稱「奏狀」，歷朝又多有別稱，如郎瑛《七修類稿》提到奏疏之名不一，有上疏、上書、奏劄、奏狀、奏議……因往往封存於囊中，又稱封事。影視劇中常見「有事啟奏，無事退朝」的臺詞雖然未必符合歷史，但其所指正是這種奏狀。

上報狀的行爲被稱爲申，後申與狀相混，至宋朝狀已命名爲申狀，南宋理學大家朱熹任南康知府時曾作〈申免移軍治狀〉，所用的正是申狀這一文體。申與狀名稱混同的慣例由元、明兩朝承襲，直至清朝被改爲申文，才在名稱上與「狀」字斷了聯繫。民國時期，申文亦廢止不用，這一類上行文由此消失。

另一類則是百姓所用的上行文，用於向官府表達一定訴求，正如南朝梁劉勰《文心雕龍・書記》所載：「萬民達志，則有狀列辭諺。」不過，《文心雕龍》的狀主要用於「先賢表諡」，反倒是「列」用於「陳列事情」，更近於後世所言的狀了。隨著歲月流逝，狀逐漸演變成訴訟專用文體。在等級森嚴的封建專制社會，百姓的發言權本不算多，狀是百姓所能使用到的僅有幾種公文之一，普羅大眾對狀耳熟能詳自然不足爲奇。

兩漢之後，這種狀被稱爲牒狀，至唐後改爲牒訴。如《魏書・源賀傳》：「徐州表投化人許團並其弟周等，究其牒狀，周列云已蕭衍黃門侍郎。」《宋史・哲宗本紀》：「丁酉，以四方牒訴上尚書者，或冤抑不得直，令御史分察之。」《明史・黃綰傳》記載：「綰馳至大同，宗室軍民牒訴官軍暴掠者以百數，無告叛軍者。」這些記載基本勾勒出從牒狀至牒訴的流變。明、清易代後，牒訴易名爲稟訴，簡稱狀，集中用於訴訟程序之中。其中，原告的狀爲「告狀」，被告的狀爲「訴狀」，這一法律名稱後被民國沿襲，現在的起訴狀、答辯狀等法律文書的名稱，正源於這一司法傳統。

很難想像，「告狀」這個極端口語化的表達，在清朝時居然是個專門的法律術語。衙門之內、公堂之上，曾有多少告狀與訴狀的博弈已不得而知，但這個數字一定非常大，以至於「告狀」二字早已超越法律術語而成爲日常詞彙。與此相對，古時的訟師又被稱爲「狀師」，如今香港特別行政區的大律師又被稱爲「大狀」，從這個角度來看，狀無疑是最接地氣的民間上行文，或者說是法律文書。

## 種類繁多的承諾書

釐清了狀的淵源、概念和範圍，大致可以得出兩個結論：一是狀，是一種訴訟程序中使用的官方法律文書；二是官方認可的狀，並不包括民間所稱的軍令狀、投名狀和生死狀。如果軍令狀的出處尚有疑義，那投名狀和生死狀這種極具江湖草莽氣息的「法律文書」顯然不是朝廷所制定，而是被戲說出來的概念。

軍令狀、投名狀和生死狀可以定義爲在不同情況下使用的、附有承諾的文書，當然這裡的承諾比較特殊，往往是立狀者的性命。很明顯，三者以狀爲名，一方面借用了狀做爲法律文書的嚴肅性，另一方面借用了狀做爲民間上行文的可識別性，這些名稱顯然比諸如「軍令書」、「投名辭」、「生死奏」一類拗口的稱呼要通俗易懂。但事實眞的僅此而已嗎？

當然不是。事實上，這三種「民間文書」以狀爲名非常貼切，因爲有一種狀本身就帶有承諾書的含義，就是結狀。

秦始皇陵兵馬俑（陝西省西安市）

《刑事訴訟法》的「具結」是指對自己的行爲及陳述願意承擔法律責任的表示。其實「具結」二字歷史悠久，是古代百姓對官府做出的承諾書，如明朝馮夢龍所著《警世通言》中「金令史美婢酬秀童」寫的「要六房中擇家道殷實老成無過犯的，當堂拈鬮，各吏具結申報上司，若新參及役將滿者，俱不許鬮」，以及清劉鶚所著《老殘遊記》寫的「王輔庭叫他具結回去罷」，其中的具結指的均是這種承諾書。

具結名稱有多種，如「執結」、「甘結」、「保結」、「檢結」、「切結」等，各有出處，其意相同。如《後漢書．劉般傳》所載「……而吏下檢結，多失其實」，「法醫鑑定學」鼻祖宋慈所著《宋提刑洗冤集錄》所述的「仍取苦主並聽檢一干人等，連名甘結，依式備細，開寫當日保結，回報明白」，明朝何良俊《四友齋叢說》所寫的「……許人告首，處以重罪，亦要取業戶連名執結」，均爲此類文書。

《清代六部成語》的「甘結」詞條釋義表達更爲精準——但凡官府斷案既定，或將財物令事主領回的，均命本人立一份情甘遵命的字據，上寫花押，便是甘結。這裡已明確突出了承諾之意，甘即情願，因此「甘結」二字包含書寫者自願的意味。《水滸傳》中解珍、解寶兩兄弟爲捕捉登州山上大蟲，「當官受了甘限文書」，甘限文書亦是甘結，當然是否眞的「心甘情願」，讀者自有分寸。

值得一提的是，臺灣依然使用「切結」，如職工向公司遞交的「自願加班切結書」。不過，切結本是承諾書之意，在「切結」二字後再加一「書」，不免畫蛇添足。

除了「執結」和「甘結」外，具結還有其他稱呼，如「保狀」、「結狀」、「責狀」，如此種種，不一而足。如黃六鴻《福惠全書》所用者爲保狀，馮夢龍《警世通言》的「金令史美婢酬秀童」中所用者爲結狀，宋朝羅燁《醉翁談錄》的「大丞相判李淳娘供狀」中所用者爲責狀。透過這些林林總總的稱呼可以看出，「狀」前加了什麼字並非關鍵所在，重要的是「狀」字本身的內涵和意象已經與承諾書有了極爲緊密的聯繫，在這一背景下，軍令狀、投名狀和生死狀以「狀」爲名，再正常不過了。

清朝已屬近世，相關文書存世較多，透過眾多法學文獻、筆記小說，甚至官員自撰的工具書，可以詳細了解當時甘結的體例。甘結大多與民刑官司相關，諸如「某親屬某人因某事向某人起釁被某用某凶器致傷某某處身死」此類。承諾者爲了表達所言屬實，大多會在甘結的結尾表示不敢捏造、如違甘罪。不過，捏造畢竟只是甘願獲罪，談不上拋卻身家性命。那朝廷所認可的甘結中，有沒有可能關乎生死——如軍令狀、投名狀和生死狀般的呢？

# 眞眞假假的生死甘結

合法的生死甘結也是有的。清末第一批赴美留學生之一的詹天佑，其父母送他出國之前便與政府簽訂了一份甘結，大致內容如下：

> 具甘結人詹興洪今與具甘結，茲有子天佑情願送赴憲局帶往花旗國肄業學習機藝。回來之日，聽從中國差遣，不得在外國逗留。生理倘有疾病生死，各安天命，此結是實。童男，詹天佑，年十二歲，身中面圓白。徽州府婺源縣人氏。

在父親（或說「監護人」）詹興洪的認可下，十二歲的詹天佑被朝廷送往美國學習機藝。面對這一培育方案，詹興洪做出了兩項承諾：一是詹天佑學成後必須聽朝廷差遣，不得逗留於國外；二是留學過程中，詹天佑生死與朝廷無關。可以說，這份甘結已然是一份貨眞價實的生死文書。

當時朝廷要求留學生父母出具甘結也情有可原：畢竟西方依然是未知之地，這趟「乘桴浮於海」的旅行伴隨著太多危險，易出紛爭。若非如此，實在難以想像堂堂朝廷何以會與百姓簽訂一份生死有命的法律文書。

但即便是這種甘結，也與軍令狀、投名狀和生死狀有著較大區別。

首先談軍令狀。軍令如山，戰爭時期將領對軍隊的要求非太平盛世可比，故軍令的上行下效勢必異常嚴苛，重者可能關乎生死。如三國時期編纂的《北堂書鈔》記載「聞雷鼓音，舉白幢絳旗，大小船皆進戰，不進者斬」的軍令一則，即明確聞令不進的士兵將被斬首。所謂「軍令如山」，戰場之上軍士一旦觸犯，很容易遭受到關乎生死的懲罰，如《北堂書鈔》記載的另一條軍令中，便有「違令者私作鎧一領……戟十枚以上皆棄市」的記載。戰場上戰機稍縱即逝，若次次以軍令狀來回，恐怕再精銳的軍隊也難以正常調度作戰。

其次談投名狀。如果說軍令狀尚有一絲法度色彩，投名狀便是赤裸裸的「反社會」文書。投名狀是指加入非法團體時，用於保證加入者忠心於組織的非法行爲。《水滸傳》中施耐庵借林沖逼上梁山時的故事將投名狀描繪得非常清晰。

王倫道：「既然如此，你若真心入夥時，把一個投名狀來。」

林沖便道：「小人頗識幾字，乞紙筆來便寫。」

朱貴笑道：「教頭，你錯了。但凡好漢們入夥，須要納投名狀，是教你下山去殺得一個人，將頭獻納，他便無疑心。這個便謂之投名狀。」

林沖道：「這事也不難。林沖便下山去等，只怕沒人過。」

王倫道：「與你三日限。若三日內有投名狀來，便容你入夥；若三日內沒時，只得休怪。」

林沖應承了，自回房中宿歇，悶悶不已。

這裡有兩個細節值得注意。一者，林沖做爲禁軍槍棒教頭久混官場，居然不理解王倫所說的「投名狀」的意思，可見投名狀更近於「黑話」；二者，投名狀雖然事關生死，卻並非立狀者的生死，而是需要立狀者透過實施犯罪行爲斷去所有退路，由此在客觀上形成對組織的忠心。這種自始至終的非法文書，自然不可能被朝廷所認可。

最後談生死狀。生死狀多出現於擂臺，比武雙方爲確保出手時能全力以赴，先簽下針對對方的免責文書，內容無非「生死兩不追究」之語。這種生死狀，既不可能有固定格式，也很難判定其具有合法性——做爲當代民法的基本共識，自願放棄生命權與健康權的免責條款會被視爲無效約定，生死狀的內容看似很「江湖」，但最終還是要受到「廟堂」律法的約束。

*

軍令狀、投名狀和生死狀的內涵更多體現在文化層面，但其深層次有著中華法系的獨特底蘊。狀以朝廷公文爲起點一步步成爲專門的法律文書，再轉化成歷代說書人口中所引用的典故，背後隱藏著中國法律文書漫長而曲折的發展路徑。一些或許沒有眞正存在過的事物，居然能堂而皇之地成爲典故，甚至引發後世的懷古之情，這才是法律文化最吸引人的地方。

HISTORY系列 095

# 罪與罰，誰說了算？——從古文物看見歷代律法的模樣

作　　者——江隱龍
主　　編——邱憶伶
行銷企畫——林欣梅
封面設計——FE設計葉馥儀
內頁設計——林樂娟
編輯總監——蘇清霖
董 事 長——趙政岷
出 版 者——時報文化出版企業股份有限公司
一〇八〇一九臺北市和平西路三段二四〇號三樓
發行專線——（〇二）二三〇六六八四二
讀者服務專線——〇八〇〇二三一七〇五・（〇二）二三〇四七一〇三
讀者服務傳真——（〇二）二三〇四六八五八
郵撥——一九三四四七二四　時報文化出版公司
信箱——一〇八九九臺北華江橋郵局第九九信箱
時報悅讀網——http://www.readingtimes.com.tw
電子郵件信箱——newstudy@readingtimes.com.tw
時報出版愛讀者粉絲團——http://www.facebook.com/readingtimes.2
法律顧問——理律法律事務所　陳長文律師、李念祖律師
印　　刷——華展印刷有限公司
初版一刷——二〇二二年七月八日
定　　價——新臺幣四三〇元
（若有缺頁或破損，請寄回更換）

時報文化出版公司成立於一九七五年，並於一九九九年股票上櫃公開發行，於二〇〇八年脫離中時集團非屬旺中，以「尊重智慧與創意的文化事業」為信念。

罪與罰，誰說了算？：從古文物看見歷代律法的模樣／江隱龍著. --初版. --臺北市：時報文化出版企業股份有限公司，2022.07
面；　公分. --（History系列；95）
ISBN 978-626-335-610-8（平裝）
1.CST:中國法制史
580.92　　111009036



ISBN 978-626-335-610-8
Printed in Taiwan